基于创新的大学创业体系建构

赵光锋 著

中国水利水电出版社
www.waterpub.com.cn
·北京·

内 容 提 要

创新创业教育实践教学体系建设是国内高校建设的重要内容之一，也是众多高校打造自身名片的有效途径。目前，高校在实践教学体系建设中还存在着一定的问题，应从转变实践教学体系建设工作理念入手，加强对创新创业教育实践教学体系建设的领导，深入开展实践教学体系创新研究，建立创新创业能力与综合知识运用能力、基本实践能力与操作技能、专业技术应用能力与专业技能、综合实践能力与综合技能有机结合的实践教学体系。

对于我国高等院校和在校大学生来说，创新创业体系的建构仍处于一个不成熟的阶段，是我国大学教育急需解决的问题。笔者通过对高等院校构建学生创新创业教育体系的理论意义以及存在问题的分析，提出了基于创新的大学创业体系建构与实现的建议。本书面向的读者主要是大学生及相关教育工作者，旨在促进我国高等院校创业体系的发展，对大学生的全面发展起到帮助作用，同时希望能推动我国高等教育事业的进步。

图书在版编目（CIP）数据

基于创新的大学创业体系建构 / 赵光锋著. -- 北京:
中国水利水电出版社, 2019.4 （2025.4 重印）
ISBN 978-7-5170-7618-6

Ⅰ.①基… Ⅱ.①赵… Ⅲ.①大学生—创业—研究
Ⅳ.①G647.38

中国版本图书馆CIP数据核字(2019)第074571号

责任编辑：陈洁　　　封面设计：海星传媒

书　　名	基于创新的大学创业体系建构 JIYU CHUANGXIN DE DAXUE CHUANGYE TIXI JIANGOU
作　　者	赵光锋　著
出版发行	中国水利水电出版社 （北京市海淀区玉渊潭南路 1 号 D 座　100038） 网址：www.waterpub.com.cn E-mail：mchannel@263.net（万水） sales@waterpub.com.cn 电话：（010）68367658（营销中心）、82562819（万水）
经　　售	全国各地新华书店和相关出版物销售网点
排　　版	北京万水电子信息有限公司
印　　刷	三河市元兴印务有限公司
规　　格	170mm × 240mm　16 开本　14.25 印张　247 千字
版　　次	2019 年 6 月第 1 版　2025 年 4 月第 3 次印刷
印　　数	0001—3000 册
定　　价	61.00 元

凡购买我社图书，如有缺页、倒页、脱页的，本社营销中心负责调换

前言

人类社会文明进步的动力源于人的创造力；创造力人皆有之，并且是可以开发的。人在劳动中运用智慧去认识自然、认识社会、认识自我而逐渐获得新知，人又在劳动中运用知识和智慧改造自然、改造社会、改造自我而不断求得发展。广义地理解，前者就是创新，后者就是创业。

现代社会经济发展的动力来源于社会资源的有效配置，而有效配置社会资源又依赖于不同领域、不同层面、不同形式的创新活动。一个国家的发达程度、发展速度和发展后劲，以其在世界经济政治中的地位将直接取决于这个国家的创新实践。不创新就不能进步，一个没有创新能力的民族是不可能屹立于世界先进民族之林的，创新时代已经来临。

当今世界，日趋激烈的国际经济竞争和综合国力的较量，实质上是科技的竞争，说到底是人才的竞争。谁掌握了高科技，谁拥有高素质的人才，谁就能在21世纪的国际竞争中占据有利地位。从科教兴国战略的确立到人才强国战略的提出，前后还不到十年。从“把科技和教育摆在经济、社会发展的重要位置”，到“进一步加强和改进党对人才工作的领导”，这些充分说明，旨在谋求全面、协调、可持续发展的中国社会急需大批高素质的创造性人才。

21世纪是一个创新的世纪，社会急需具有创新精神与创业意识的高素质创造性人才，这样的人才是未来社会的一种稀有资源。在国家“大众创业、万众创新”的战略部署下，大学生创新创业体系的建构成为高等教育的“主旋律”和重要发展引擎。

在此基础上，本书着重介绍了新时期我国高等院校在建构大学生创新创业体系过程中的机制、模式、途径等方面的问题。在“互联网+”的时代背景下，运用互联网思维，对基于创新的大学创业体系建构进行了深入的分析和探讨，强调了人才培养是大学创业体系的基础，突出了创新这一理念在大学创业体系中的重要性，目的是建构我国高等教育创新创业体系的完整生态链，希望能对相关工作者起到借鉴作用。

作者

2019年1月

目　录

第一章

认识创造力

自从有了人类社会，就有了人们的创造活动，即便在远古的人类社会，亦无例外。当我们参观历史博物馆时，首先看到的便是人类最早的石器，看起来这些石器粗糙笨拙，现代人有谁肯用它来砍削呢？但是，它的历史作用是非同小可的，正是它，促成了“人猿相揖别”；正是它，凝结着原始人的智慧。人类社会发展到如今五光十色的繁盛景象，追本溯源，第一个里程碑就是原始石器，因为在它身上汇聚着人类的灵性——创造。可以说，没有创造就没有人类社会。

人类的生存和发展所依赖的是其发明和创造的能力，人类发展的历史就是一条发明创造的长河。

那么，什么是创造力？什么样的人有创造力？人的创造力是与生俱来的吗？怎样开发人的创造力？下面来讨论这些问题。

第一节　什么是创造力

一、创造力是特定意义上的一种智力品质

创造力是由拉丁语“create”一词派生出来的。“create”的意思是创造、创建、生成、造成，指在原先一无所有的情况下创造出新的东西。

究竟什么是创造力？从创造力一词的原意出发，不同的研究者站在不同的角度给创造力下了不同的定义。例如，德雷夫达尔（J.E.Drevdal）从“目的性”出发，认为创造力是人产生任何一种形式的思维结果的能力，而这些思维结果在本质上是新颖的，是产生它们的人事先所不知的。活尔施勒格则声称，创造力是人“揭示新的内在联系的能力，是理智地改变现行规范的能力”。我国创造学者甘自恒曾指出：“所谓创造力，是主体在创造活动中表现出来、发展起来的各种能力的总和，主要是指能产生新设想的创造性思维能力和能产生新成果的创造性技能。”刘武教授认为，创造力是“正常人在科学发现、技术发明、文艺创作等创造性活动中形成和表现出来的各种积极的个性心理特征的总和”。

可见，人们对创造力的含义众说纷纭，莫衷一是。但有一点是共同的，即创造性思维是人脑最高层次的机能，创造性成果是人类成就的巅峰。早在古希腊时期，亚里士多德就将“创造”定义为“产生前所未有的事物”，这一定义不仅包括了精神领域，也包括了创造思维的物质实现。从历史上考察，这个定义代表了许多研究者的看法。然而，犹如智力的定义一样，普遍为人接受的创造力定义尚不存在。

诚如前面所言，人们对创造力的定义各有侧重。有的研究者强调主观创新，有的则强调创造的目的性；有的侧重创造过程，有的则重视创造结果；有的从创造的认知方面出发，有的则从创造的动机、人格因素入手，或者兼顾两者。但也应该看到，上述这些定义从不同角度或多或少地反映了创造力的一些本质特征。无论如何，它们都有助于人们科学地理解创造力的内涵。实际上，创造力不是一种单一的心理活动，而是一系列连续的高水平的复杂心理活动。它要求人的全部体力和智力的高度紧张，以及创造性思维在最高水平上的运行。

目前，心理学界较为一致地把创造力定义为：根据一定目的和任务，运用一切已知信息，开展能动思维活动，产生出某种新颖、独特、有社会或个人价值的产品的智力品质。这里的产品是指以某种形式存在的思维成果，它既可以是一种新概念、新设想、新理论，也可以是一项新技术、新工艺、新产品。很显然，这一定义是根据结果来判别创造力的，其判断标准有三，即产品是否新颖、是否独特、是否具有社会或个人价值。“新颖”主要指破旧立新、标新立异、前所未有，这是相对历史而言的，是一种纵向比较；“独特”主要指不同凡俗、别出心裁，这是相对他人而言的，是一种横向比较；“有社会价值”是指对人类、国家和社会的进步具有重要意义，如重大的发明、创造和革新；“有个人价值”则是指对个体的发展有意义。

毋庸置疑，个体的创造力通常是通过创造活动、产生创造产品体现出来的，因此根据产品来判断个体是否具有创造力是合理的。另外，产品看得见、摸得着，易于把握。然而目前人们对个体的心理过程、个性特征的本质和结构并不是十分清楚。因此，以产品为标准比以心理过程或创造者的个性特征为指标，其可信度更高些，也符合心理学研究的操作性原则。此外，我们之所以强调创造力是一种智力品质，主要是把创造力视为一种思维品质，重视思维能力的个体差异的智力品质。简而言之，创造力是根据一定目的产生有社会（或个人）价值的具有新颖性成分的思维成果的智力品质。

二、创造力的两种存在形态

尽管人们对创造力有多种不同的定义，但有一点是共同的，即创造力终究还是人类在创造活动中表现出来的一种特殊的能力。其特殊性主要表现在人们可以通过创造力的作用，通过自己的思维与实践，产生一种前所未有的“新”的成果，即创造性成果。

基于对“新”的含义的不同理解，美国心理学家马斯洛（Maslow）把创造力分为两类：“特殊才能的创造力”和“自我实现的创造力”。

特殊才能的创造力是指所产生的成果对于整个人类社会来说是新的，是前所未有的。例如，爱迪生发明的白炽电灯和电话，爱因斯坦提出的相对论，门捷列夫发现的元素周期律等。自我实现的创造力一般指所产生的成果仅仅对于创造者本人来讲是一种新的产物，而对全人类来说则不是什么新东西。例如，某人产生了一种新的想法、新的设计、新的工艺，但这种想法、设计或工艺对于其他人来讲很可能并不是什么新的东西，有可能在其他国家、地区早有人提出过。

那么，特殊才能的创造力与自我实现的创造力之间有什么关系呢?

首先，特殊才能的创造力与自我实现的创造力都有其共同的特征。它们都属于创新能力的范畴（它们的表现成果全都具有新的意义）；无论是特殊才能的创造力还是自我实现的创造力，都需要经过一定的启发、培养、教育、训练，经过创造者自身的努力才能得到提高。也就是说，它们都是在一定的环境条件下才显露和提高的，这两种创造力都可以对科学、技术的发展起重要的作用。当然，特殊才能的创造力的作用是显而易见的，但是，自我实现的创造力的成果（即别人已有的成果我们再“创造”出来）并非完全没有价值。例如，我国在研制原子弹时，国外早就有了，虽然我国的原子弹难以划入特殊才能的创造力的成果，但其意义则是非常深远的。又如，一个新的设想、方案、措施或产品，即使不属于特殊才能的创造力所产生的成果，也往往会振兴一个企业甚至救活一家工厂，从而带来巨大的经济效益，这样的例子是很多的。所以，我们不应当随意贬低自我实现的创造力。

其次，特殊才能的创造力与自我实现的创造力之间也是有区别的。它们的区别只是在于创造的层次方面有所不同，并没有什么本质上的差异。例如，具有特殊才能的创造力的人，在其早期阶段的创造力并非都属于特殊才能的，它一般要经过创造者的刻苦努力、奋发、学习，而由自我实现的创造力发展为特殊才能的创造力。这一点可以从具有特殊才能的创造力的人早期都有很多失败经历而得到证明。另外，普通人的自我实现的创造力一旦得到很好的训练、培养与开发，经过反复实践、学习和深化后，一般不会仅仅停留在自我实现的阶段上，而往往要朝着特殊才能的创造力的方向转变和过渡。然而，在较多情况下，人们确实很难用实际创造的成果来区分究竟创造力处于哪一层次上。

总之，一个“天才”所表现的创造力不可能全部为特殊才能，一个普通人也不一定就完全不具备特殊才能的创造力。用“人”来区分特殊才能的创造力与自我实现的创造力，实际上是不合理的。

换一个视角，我们又发现：虽然产品的新颖性、独特性和价值大小是判断一个人是否具有创造力的标准之一，但这并不意味着由此可以断定没有进行过创造活动、没有产生出创造成果的个体就一定不具有创造力。有无创造力和创造力是否体现出来并不是一回事，具有创造力并不一定能保证产生出创造成果。创造成果的产生除了具有一定创造的智力品质外，还需要有将创造性观念转化为实际创造成果的相应知识、技能及保证创造性活动顺利进行的一般的智力背景和个性品质，同时它还受到外部因素，如机遇、环境条件等的影响。由此可见，犹如智力有外显内隐之分，创造力也有内隐和外显两种形态。内隐的创造力是指创造力以某种心理、行为能力的静态形式存在，它从主体角度提供并保证个体产生创造成果的可能性，但在没有产生创造成果之前，个体的这种创造力是不能被人们直接觉察到的。当个体产生出创造成果时，这种内隐的创造力就外化为物质形态，被人们所觉察。这时人们所觉察的创造力是主体外显的创造力。基于这样的认识，我国学者董奇将创造力定义为：在一定目的和条件下，个体可能产生出某种新颖、独特、有社会或个人价值的产品的能力。

可见，我们不应机械地把一般人的创造力与自我实现的创造力画等号，把特殊才能的创造力与伟人的创造力相联系，更不能以静止的眼光将有待开发或目前尚没有机会外显的创造力视为没有创造力。事实上，作为人类所特有的一种自然属性，不管其个体的基础条件和最终的发展程度如何，创造力是普遍存在和可以开发的。

三、创造力是每一个正常人都具有的一种自然属性

人们多年来的研究成果表明，创造力并不是神秘的、只有少数天才才具有的特殊能力，创造力是每个正常的人都具有的一种自然属性，是每个人都具有的一种潜在能力，这可以从两个方面来认识。

（一）由创造力的本质出发认识创造力的普遍存在性

我们知道，人的创造力是在创造性活动中表现出来的，而创造性活动与其他活动的根本区别又在于它的“新颖性”。由此可见，只要一个人能进行一些新颖的活动，从创造学的角度来说，他就是具有创造力的。只要我们稍微留心一下便可发现，这种新颖性活动成果比比皆是，如一个新的解题方法、新的答案、新的工作程序、新的思路、新的设计、新的想法和做法等。它既可以小到日常生活中的各种琐事，也可以大到颇具影响的发明创造。所以，无论怎么说，类似这样带有“新”类型的创造性活动是人人都可以进行的，只要我们注意观察，这种现象就普遍可见。相反，要找到一个从来没有进行过什么创造性活动的人反而是十分困难的。我国著名教育家陶行知先生说得好：“人类社会处处是创造之地，天天是创造之时，人人是创造之人。”

可见，人与人之间并不存在“有无创造力之差”，只是存在创造力大小之别。造成这种大小不同的原因，在很大程度上取决于个人对创造力的认识程度与开发深度。能够认识到这一点非常重要，它可以使人冲破创造力这个带有神秘色彩的能力只是在少数天才和伟人那里才存在的错误观念，使我们懂得自己也能够进行创造活动。可以想象，众多社会成员的创造活动一旦掀起，将会是一股巨大的精神力量与物质力量，将会有力地推动社会主义中国各项事业突飞猛进地向前发展。

（二）从生理学视角上审视创造力的普遍存在性

从生理学上看，创造力主要蕴藏在人的右脑之中，亟待开发。

早在19世纪，生理学家及外科医生就已发现，人的大脑各个部位具有不同功能，由此形成了“特殊定位说”。根据这一看法，人们认为大脑左半球上集中

了占主导地位的语言中枢，它管理人的右侧身体与右手活动，因而被称为优势半球；相反，大脑的右半球一直被认为缺乏高级活动功能，它只管理身体左侧及左手的活动，故称为劣势半球。

20世纪80年代，美加州理工学院的心理学教授斯佩里（Sperry）通过研究，在进一步阐明了人脑的左半球作用的同时，发现右半球也同样具有许多高级功能，如对复杂关系的理解能力、整体的综合能力、直觉能力、想象能力等，而且还是音乐、美术及空间知觉的辨识系统，认为右脑蕴藏着很大的潜力。斯佩里还利用“分割术”，发现左右大脑间存在着巨量的神经联系和海量的信息交换，且具有“转移机能”效应，认为大脑两半球在功能上虽有一定分工，但它们的功能是互补的，它们相辅相成，紧密配合，构成了一个统一的控制系统。斯佩里也因此项研究而获得了1981年的诺贝尔生理学或医学奖。

根据斯佩里的研究，右脑承担着形象思维、直观思维的任务，具有掌握空间、主体及艺术认知的能力。因此，右脑被认为是创造的脑，它主要通过直观思维、想象思维来进行创造性思维与创造活动。从放射性跟踪原子所呈现的大脑工作状况照片上也可以断定，创造性工作主要是由右脑承担的。然而，过去人们一直注意左脑的使用与训练，而右脑的使用则很少，尚处于待开发状态。

所以，从生理学角度看，人们的右脑尚未开发或较少开发，这是每个人都具有的巨大潜力。据此，人们编制了各种开发右脑的健脑体操，重视如何恢复、启用左手的各项活动，从而锻炼右脑，增强人们的创造力。

总之，无论是从创造力本质上看，还是从人类生理上来看，创造力都是人们所普遍存在的一种潜力，这也是为无数的创造实践所证实的。

四、人的创造力是可以开发的

创造力虽然是人的普遍属性，但是每一个人的创造力并非在任何情况下都能自由地表现出来。事实证明，创造力可以蕴藏在人脑中几年、十几年甚至几十年之久。通常那些所谓的“无创造力”的人，其实并非真的没有创造力，而只是创造力没有得到应有的开发而已。

创造力是可以通过专门的学习或训练，以及创造教育的实施而激发出来的。例如，著名的日本丰田汽车公司，其总公司设立了“创造发明委员会”，其下属的各部门都组织有“创造发明小组”。通过“设想运动”的开展，该公司获得了巨大的经济效益。2005年，该公司共收到381438件来自群众中的创造发明设想与建议，这些设想与建议的采用率高达83%，为此支付的奖金约为3.3亿日元。然而，当年仅其中的一个部门——制造部门，就从中获益160亿日元。关于这方面的实例，我国类似的情形也有很多。例如，苏州某电器厂，通过对职工创造力的开发，自行研制成功了汽车喇叭继电器，使该厂的产值利润2012年比2011年翻了一番；上海和田路小学的小学生通过创造教育的实施，仅一个班级就提出了150项新设想，有几项还被工厂采纳并投入生产，获得了利润，救活了几家工厂。

由此可知，人的创造力是完全可以通过一定方式激发出来的。我们认为，最重要的开发方式是应该全面地、系统地实施创造教育。梅多、帕内斯等在布法罗大学通过对330名大学生的观察和研究，发现受过创造教育的学生，在产生有效的创造方面与没有受过这种教育的学生相比，平均可提高94%；另一项测试还表明，学完创造课程的学生同没有学过这类课程的学生相比，前者在自信心、主动性及指挥能力方面都有较大幅度的提高。另外，积极地推广各种创造技法，也是激发创造力的一个重要方式。

综上所述，创造力不仅是每个正常人都具有的，而且人们的创造力也是可以开发的，是可以通过学习、训练激发出来并逐步得到提高的。

第二节　创造力的基础——知识

知识是人们在社会实践中对事物规律性的认识。它用语言、公式、定律、定理等符号系统表示出来。

一、知识的分类与结构体系

人们的认识从反映事物的认识阶段和层次来看，可分为感性认识和理性认识。感性认识有感觉、知觉、表象三种形式，特点是直接性和具体性，不反映事物的本质，是认识的初级阶段；理性认识有概念、判断、推理三种形式，特点是间接性和抽象性，是对事物本质的认识。理性认识依赖于感性认识，感性认识必须上升为理性认识，二者相互区别，在实践基础上统一起来。人类知识的种类可以分为三大类：自然科学知识、社会科学知识、思维科学知识，它们分别是人们对自然规律、社会规律和人类思维规律的反映，这三者既互相区别又相互联系、渗透。

任何一门科学都有其形成的规律和机制。赵红洲提出的“知识壳层结构”说明了知识的形成机制，即知识的形成过程是：知识单元—知识纤维—知识体系—哲学世界观。处在最外围的是“知识大气层”，即知识单元，这里充满着思想火花、猜测、概念、判断、推理、灵感、表象等知识单元的流动、碰撞，在实践的推动下，经过思维的作用，将这些知识单元凝聚成许多单独的定理、定律、公式、原理，形成知识纤维，进入知识幔层；一些有内在联系的定理、定律有组织地结成一个整体，形成知识体系，进入知识硬结构；最后从知识体系中积淀、凝聚成自然观，形成知识核心。一定时期的哲学自然观影响、支配着这一时代的知识体系和这一代人的智力。

二、创造活动的开展基于已有知识

任何创造活动都不可能凭空进行，都是在现有知识的基础上展开的。具体的创造活动都有其特定领域，因此，不同类型的创造主体必须围绕自己的专业目标、结合自己的专长、爱好，建立适合专业目标和个人爱好的合理知识结构。

（一）创造主体的合理知识结构

现代科学门类繁多，一般地说，创造主体的合理知识结构应该是由专业知识、科学文化基础知识、哲学和思维科学等背景知识自上而下依次组成的塔形结构。在这个塔形结构中，各类知识在创造活动中起着不同的作用，处于不同的地位。这些知识间相互区别又相互联系，相互补充，不可或缺，不可替代。

（1）专业知识是各类专门人才的标志。专业知识是人才知识结构的主导和核心。没有专业知识，就不可能成为专业创造人才。专业知识处于知识结构的塔尖地位，决定着知识结构的特色和功能，在创造活动中起决定性和主导性作用。

其他一切基础知识、背景知识都从属于专业知识，是为专业知识服务的，它们围绕着专业知识，有系统、有层次地组织起来。

（2）科学文化基础知识是科学创造的基础。科学文化基础知识包括两部分：一类是自然科学基础知识；一类是社会科学基础知识。我们承认，因主攻学科的不同，对科学文化基础知识中两个部分的依赖程度会存在一定的差异，但在自然科学和社会科学相结合的趋势迅猛发展的今天，无论从事何种科学创造活动，科学文化基础知识中的这两个组成部分都是十分重要、不可或缺的。只有精深的专业知识而没有科学文化基础知识，科学创造活动是难以进行的。

（3）哲学和思维科学等背景知识是各种创造活动都必需的深层基础知识。任何人的思维活动都是在一定的哲学背景中进行的，他们自觉或不自觉地受到某种哲学支配。哲学对创造起到非常重要的作用。首先，哲学可以帮助创造者提出问题和选择主攻方向。哲学理论水平的高低制约着提出问题的深度和选择主攻方向的准确性。其次，哲学可以使创造者思路开阔、灵活，能帮助人们从整体上对事物进行动态研究。另外，哲学还有预见作用。由于一定时代社会生产力、科学技术水平的局限，实验材料、技术设备不足，在这种情况下，哲学可以使人高瞻远瞩，克服实验材料的不足而预见事物的本质。最后，在科学创造中，哲学可以帮助人们综合、分析、构建理论体系。恩格斯指出：“一个民族要想站在科学的各个高峰，就一刻也不能没有理论思维。”

（二）创造力与知识的关系

创造力与知识的关系是辩证的。

知识贫乏，大脑中只有零碎的低级的自然状态的信息堆积，而没有储存系统的知识体系，就不可能站在人类已有的成果基础之上提出问题、分析问题，进而做出发明创造。只有掌握了渊博的知识，了解了前人的发明创造的成果，才有可能使思维变得丰富和灵活，各种联想才能在头脑中不断产生。这时产生新设想、新观念的可能性才会增大，发明创造的机会才会增多，特别是那些具有渊博的知识或掌握了边缘学科的人，他们填补知识空白的机会就更多。科学发展的历史也表明，有重大创造发明的科学家多半是知识丰富、兴趣广泛的人。特别当科学进入了开放化的时代，它不仅要求人们掌握基础的知识，而且要求人们掌握新的和边缘学科的知识。知识的狭窄和结构的不合理及缺乏知识更新的能力，就很难有创造力的发展。可见，创造以知识为基础，创造力是在已有知识基础上创造新知的过程中表现出的特殊能力。

没有知识就很难有创造力，但是有了知识也未必就一定有创造力。首先，已有的知识反映过去人们的认识和创造，它们本身必然具有一定的局限性；其次，在已有知识基础上建立起来的特定的知识结构决定着人们研究问题的出发点和途径；最后，若不能以科学的批判态度对待已有的知识，而是僵死地储存、绝对地相信和盲目地满足已有知识，只会造成创造力的自我毁灭。

可见，创造力必须以广博的知识为基础，知识是创造力孕育的基础。

第三节 创造力的核心——智力

智力、智能、智慧，虽然用词不同，但其含义都是指人的聪明才智。通俗地说，智力就是指脑筋灵不灵。一般认为，智力是人们认识客观事物并运用知识解决问题的能力，是创造新知识的能力。智力的要素包括观察能力、记忆能力、思维能力、想象能力、实践操作能力。

在创造活动的整个过程中，一刻也离不开智力的发挥。可见，智力比知识更重要，我们必须把智力的开发放在核心地位。

一、观察能力

观察是有一定目的的、有组织的主动的知觉。换句话说，人们通过感觉器官感受外部的各种刺激，形成对周围事物的印象，就是观察。观察能力是一种有思维参加的有目的的认识能力。在观察时，总是用已有知识对目标进行分析、综合、比较、抽象。在人类的一切活动领域都需要观察能力，科学研究——知识创新更离不开敏锐的观察能力。没有观察就不会有科学认识，古今中外许多著名科学家、文学家在事业上的成就都与他们良好的记忆力分不开，更与他们的观察力分不开。

观察是人们认识的起点。观察能力是获取感性材料的能力。没有观察能力，其他能力便无法施展。良好的观察能力是捕捉机遇的重要智力要素。观察能力对科学创造有重要影响。观察能力主要包括观察的敏锐性、准确性和全面性。观察的敏锐性，就是要善于发现容易被人忽略的东西。这是捕捉机遇的重要品质和能力之一。英国细菌学家弗莱明（Alexander Fleming）就曾把自己发现青霉素的功绩归于自己重视观察。观察的准确性可以使人们得到精确的信息，可以防止主观臆断，获得材料的客观真实性。观察的全面性，就是要能够全面、系统地认识事物，以便把握事物间的内在联系。

二、记忆能力

记忆能力是人们把感觉到的东西、思考过的问题、体验过的感情，识记、保持、再现在脑海中的能力。从控制论、信息论观点来看，记忆是大脑对信息的输入、存储、编码、提取的过程。记忆过程一般可分为识记、保持、再识、再现四个环节。良好的记忆力应该具有以下品质：一是记忆的敏捷性，指记忆的速度快慢；二是记忆的持久性，指记忆的巩固程度；三是记忆的可靠性、正确性，指记忆的准确、客观与否；四是记忆的系统性，指按照知识的体系记忆。

记忆力是创造活动的重要智力条件。创造的前提是学习，而学习的重要前提条件是记忆。如果没有记忆能力，那么客观世界对于人类永远是陌生的。没有记忆力就不能继承前人和同代人的知识。因此，记忆力是创造活动的基础，离开观察力和记忆能力，思维便无法活动。人们必须依靠记忆力获取和储存知识、信息，为创造活动准备资料。另外，记忆是想象力活动的重要条件，可以为创造性思维提供原材料，拓展想象的广度和深度。人们不可能将所有知识都记忆下来，因此还需要进行检索记忆，学会寻找知识的方法。这种检索能力也属于记忆力的范畴。

三、思维能力

思维能力是指人的大脑对事物本质的认识能力、概括能力，是形成理论体系的能力。思维能力包括以下几种能力：一是分析能力。分析即把一个整体分解为各个组成部分，分别研究其特性及其联系，使认识深入和具体化。分析方法即解剖方法，分析能力即解剖研究的能力。二是综合能力，即把一个事物内部各部分、各侧面之间的内在联系找出来，或把一些事物之间的异同和联系找出来，从整体上、动态上去把握事物本质的能力。三是抽象能力，这是一种把事物共同的、本质的属性寻找出来，舍弃非本质的东西，从本质上把握事物的概括能力，是一种使认识理论化、符号化的能力。四是演绎能力，这是一种从一般原理出发，去推理、探索特殊事物本质的能力。五是归纳能力，这是一种从特殊的事实中上升为一般规律，从而深入研究和认识事物本质的能力。

思维能力的优劣，往往同一定的思维品质联系在一起。思维品质一般有如下几个方面：一是思维的广阔性，指的是人们善于在不同的知识领域内创造性地思考问题，开阔视野，不局限于狭小的范围；二是思维的深刻性，它表现在善于深入地思考问题，抓住事物的规律和本质，揭示事物的原因、结果，预见事物的发展进程；三是思维的灵活性，即能从多方面多角度看问题，善于从呆板单一的思路中解脱出来，依据变化的情况及时改变思路；四是思维的独立性，指在思考问题时，敢于破除迷信，进行独立思考，自己做主，善于用异于前人的新方法新思路分析、解决问题；五是思维的敏捷性，表现在能够迅速而正确地解决问题。

思维能力在创造中起决定作用，是智能结构的核心。它是智能的统帅，只有思维能力才能把其他四种智力和知识统帅起来，使其他要素具有明确的目的性；只有思维能力才能把感性认识上升为理性认识。如果没有思维能力，观察就只能停留在材料的杂乱堆积上；如果没有思维能力，记忆的材料便不能有序化，不能上升为理论；如果没有思维能力做指导，想象便成为没有目的、没有价值的空想。

思维能力是构建科学模型的武器。对于看不见摸不着的东西，如对于微观世界，直观是无能为力的。正如马克思指出的，分析经济形式，既不能用显微镜，也不能用化学试剂，二者都必须用抽象力来代替。人们只能通过思维建立各种研究对象的模型，以便研究其结构，如物理学家们曾提出过不同的原子模型。

四、想象能力

想象能力是一种伴随具体形象思考事物本质的能力，是一种人们在已有知识的基础上，对记忆中的事物进行加工、更新组合，在头脑中创造出新事物及其形象的能力，或者依据口头语言或文字描述，在头脑中形成事物形象的能力。想象力与感性认识不同，虽然在思维中不脱离具体形象，但可以认识事物的本质。它是人类认识事物本质的一种思维能力。想象力是一种高级思维形式，是逻辑思维与形象思维的结合。想象力不受时间空间限制，可以使思想在过去、现在、未来的时空中进行。想象力绝不是胡思乱想，也不是主观臆测，它的原材料取自客观世界，又要接受实践检验。

想象力比知识更重要，它是科学创造中不可或缺的能力。首先，想象力是智力的羽翼。由于想象力具有很大的生动性和鲜明性，因此它能赋予智力其他要素很大的活力。想象力能使智力展翅高飞，开阔视野。正如英国物理学家廷德尔所说："有了精确的实验和观测作为研究的依据，想象力便成为自然科学理论的设计师。"其次，想象力是产生科学假说的重要条件。德国物理学家普朗克说："每一种假说都是想象力发挥作用的产物。"在创造活动中，人们借助于想象可以提出科学假说，从而有利于科学发现。英国物理学家牛顿说："没有大胆的猜测，就做不出伟大的发现。"再次，想象力是产生灵感的重要条件。在科学和艺术创造中，常出现这种情况：新思想、新方法的产生，是突然闪现在头脑中的。在灵感产生时，科学家、艺术家忽有所悟，浮想联翩，想象丰富。想象力使智力活动处于高度激发状态，易于产生灵感。另外，幻想对创造活动起着导航和催化作用。幻想是想象的一种特殊形式，它为发明启示方向，寻找途径。例如，爱因斯坦16岁时曾产生过一个奇妙幻想：如果骑在一束光上追赶另一束光，将会产生什么结果？这个幻想为他后来创立相对论起了导航和催化作用。

五、实践操作能力

实践操作能力主要指对实验技术和各种仪器仪表的操作能力、语言表达能力、图表运用能力、数理统计能力、实验能力和计算机运用能力。实践操作能力在科技创造和人才成长中尤其重要，必须有熟练的实践操作能力，才能进行科学创造。

实践操作能力是使人的智力转化为物质成果的能力。只有通过实践、实验、操作，才能使理论、计划转化为实际物质成果。实践操作在创造中还可以起到检验理论和设计的作用。另外，实践操作能力是发现机遇的一个重要条件，很多意外现象都是在实验中发现的。因此，实验技能对创造和科学发现有重要作用。

总之，创造活动以智力为基础和手段，创造力是智力的充分运用和高度发展，是智力的最高表现形式，开发创造力的核心在于开发智力。

第四节 创造力的关键——非智力因素

所谓非智力因素，从广义上讲，就是指智力因素以外的一切心理因素；而从狭义上讲，非智力因素主要包括性格、兴趣、意志、情绪、动机等。在我们日常学习、工作，特别是在进行重大的科技创造活动中，非智力因素越来越显示出重要的作用。经过多年的研究，心理学专家指出：智力因素必须与非智力因素恰当的结合，才能发挥智力因素在智力活动（包括科学创造）中的作用。可以说，非智力因素是智慧的灵魂，是创造力得以激发的关键。

一、性格

性格是一个人对现实的稳定态度及与之相适应的习惯化了的行为方式，它是人的个性心理特征的重要方面，包括两方面的内容：一是行为的现实方式（包括思维方式、情感方式、实践活动方式等）；二是行为的动机和内容。

具有良好的性格特征是创造活动必不可少的心理保障。梅肯诺（Mackinon）通过对富有创造力的建筑师和创造力较差的建筑师的性格进行比较后发现，前者在勤奋、灵活性、自信心和专心创新程度等方面远远超过后者。无疑，勤奋是创造者取得成功的一个非常重要的性格特征。一方面，创造活动本身的艰巨性、长期性、探索性决定了创造活动需要勤奋；另一方面，勤奋使创造者使用观察能力、记忆能力、思维能力、想象能力、操作能力的机会大为增加，并使其更加发达，反过来又促进创造力的发挥和发展。谦逊的性格使得个体在知识面前总有一种“自卑感”，这种感受能激起其强烈的内部动机，在事业上加倍努力，推动其取得伟大的成就。自我批评的品质是性格的另一特征，在创造活动中有着重要作用。自我批评有助于提高创造者的思维批判性和精确性，纠正其创造性思维中不符合实际的情况，有助于创造者敢于接受别人的批评，保证其思维的正确性，有助于创造者正确评价自己，激发永不满足的求知欲和上进心，不断激发创新意识，不停地进行创造。

二、兴趣

兴趣是人对于事物的特殊的认识倾向。这种认识倾向的特殊性，在于认识的主体总是带有满意的情绪色彩和向往的心情，积极主动地去认识事物。

兴趣作为一种认识倾向，通过其广度、中心和稳定性等特征影响创造者创造力的发挥。兴趣广度是指兴趣的范围，它对个体的创造活动很有意义。兴趣广泛使个体眼界开阔，获得多方面的知识和广泛的创造信息，为创造中联想思维活动提供有利条件，使得思维富有广度，想象丰富。兴趣中心是指在广泛的兴趣基础上，对某一方面具有相对浓厚的兴趣。兴趣中心可以使个体在这一方面进行深入的探讨，促使思维深度和想象强度的发展，为个体在这一方面充分发挥其创造力提供条件。兴趣稳定性指的是人对某事物认识倾向所持续的时间长短。凡是在某个领域有所成就的科学家，对自己的研究课题的兴趣都非常稳定、专一和持久。科学发展到现在，许多领域在前人的基础上已取得了大量的成果，要想在某方面进行创造活动，需要长期的努力和稳定的兴趣。德拉斯（Dellas）和盖尔（Gaier）指出，富有创造力的人之所以能在工作业绩等方面超过缺乏创造力的人，其根本原因在于两者对待自己和世界的动力、兴趣和态度等个性心理特征的差异。

总之，兴趣作为个体进行创造活动，发挥和发展其创造力的心理推动力之一，可以激发个体进行创造活动的内部动机，充分发挥智力作用，使其感知力敏锐，创造性思维活跃，想象丰富，从而提高创造的效率。同时，兴趣能激发个体强烈的创造热情，增强克服困难的信心和决心。诚如沃拉斯的研究所表明的，富有创造力的人并不一定是高智商或学业成绩出众的人，而往往是具有独立的态度和自己的兴趣的人。

三、意志

意志是人自觉地确定目的，并根据目的调节支配自身的行动，克服困难，去实现预定目的的心理过程，是人类特有的心理现象。意志具有自觉性、果断性、顽强性、自制力等品质，这些品质与创造力水平的发挥有着密切的联系。

意志的自觉性是指一个人对行动的目的和意义有着正确的认识，并能自觉地支配自己的行动，实现预定的目标。意志自觉性越高，采取行动的积极程度也越高，越有助于把创造的注意力集中于预定目标上，充分调动智力因素，发挥创造力，加速实现预定的创造目标。意志的果断性是指一个人适时且当机立断地采取决定，并且坚决执行决定。意志的果断性使创造者根据社会的经济科技发展和自己的创造水平，适时地选定创造目标，并保证目标的实现。意志的顽强性是指个体在执行意志决定过程中，精力充沛、坚持不懈地克服一切困难和障碍，完成预定目标。意志顽强是个体充分发挥其创造力的心理条件，只有具备充沛的精力和坚韧的毅力，才能不畏艰难，敢于攀登，结出创造之果。意志的自制力是指一个人在执行意志行为中，善于控制自己的情绪，约束自己的言行的能力。意志的自制力表现为两个方面：一方面善于促使自己坚定地执行决定，努力克服妨碍执行决定的不利因素，如懒惰等；另一方面，善于在执行决定中克制自己，抑制冲动行为。意志的自制力使个体面对成功或挫折始终保持稳定的情绪，有利于创造力的充分发挥。

总之，意志为创造活动的顺利进行提供了心理保障，是影响创造力发展和水平发挥的重要的非智力因素。

四、情绪

情绪是人对客观事物的一种特殊反映形式。许多关于创造人物的调查发现，大凡有杰出贡献的天才，都具有一种深沉的忧郁气质，这种内心固结不散的忧郁感的发泄，构成了文明创造最强大的内驱力。这表明情绪和创造力的发挥也有着密切的联系。

人的情绪状态的形成是多种多样的，不同的状态对创造力发挥的影响也是不一样的。心境是一种比较微弱、平静而持续的情绪体验，它具有持续和迁移的特点。良好的心境可以提高创造者的敏感性，使其联想活跃，思维敏捷，提高创造效率。同时，良好的心境还是灵感发生的重要情绪条件。激情是一种猛烈的、高能量的、短暂的情绪体验。积极的激情能极大地激发创新意识和敏感性，充分调动创造力，提高创造效率。热情是一种强有力、稳定而深厚的情绪体验，它具有持续性与行动性的特点。热情是进行创造活动的心理动力，使创造者迷恋于创造活动，注意力集中于创造目标，充分调动和有效地组织智力因素。

五、动机

动机是激发和维持个体的活动，并使活动朝着一定目标努力的内部心理倾向或内部动力。人类的任何行为、活动的产生和维持都离不开动机，动机是各种行为、活动的直接推动力。作为一种特殊的人类活动，创造活动也不例外，更加需要创造动机的激发和维持。

（一）对创造动机的认识

创造的原动力是什么？这是众多心理专家所重视的问题。长期以来，人们对此问题的解释千姿百态，各不相同。在弗洛伊德看来，人格的所有能量都是从人的本能中获取的，本能的主要能源是个体的需要和冲动。他认为，人类的文学艺术创造是性欲本能的一种升华，经升华后产生的艺术作品除去了本能欲望中的性欲色彩，成为人类社会的精神财富。在阿德勒看来，自卑和超越是人类固有的两种创造的基本动机。他认为，由自卑感引起的对优越和完美的渴望，是隐藏在所有个人成就后面的主要推动力。同时，人的本性中还存在着一种与他人和谐生活、友好相处的先天潜能——超越。在荣格看来，所谓创造是由于主体心理分配失衡而萌发创造动机，在创造活动中去疏导心理能量、寻求平衡的一种复杂过程。他将人的心灵系统分为三个层次；第一层是意识层，核心是意识自我，决定意识材料的“过滤”；第二层是个体无意识，其核心是情结；集体无意识是心灵系统的第三层，它与个体无意识的区别在于它的存在不依赖于个体的经历，在个体的整个生命过程中永远不会被感知。集体无意识的内容是被称为原型的记录在脑中的祖先经验。荣格认为，人类具有的无限的创造性潜能蕴藏在集体无意识中。在马斯洛看来，人具有不断发展和生长的内在本性，这种过程宛如爬梯子一样是一步一级向上攀登的，其最高的终点就是自我实现的人。他认为，自我实现的本质特征是潜力与创造力的发挥，激励人类向自我实现目标努力的行为背后，是需要的作用，并将人的需要分为生理需要、安全需要、归属需要、自尊需要、自我实现需要五个层次。

（二）对动机与创造力关系的认识

（1）内部、外部动机与创造力。从动力来源看，动机有内部动机和外部动机之分，内部动机是指由个体内在的需要而引起的动机，如兴趣和爱好；外部动机是指个体在外界的要求和外力的作用下所产生的行为动机，如为了得到奖赏或逃避惩罚。尽管内部动机和外部动机都可以激发和维持人的创造活动的创造动机，然而，许多经验和心理学研究都证明，内在动机更有利于个体创造活动的产生和创造力的发挥与发展。

（2）成就动机与个体创造力发展的关系。成就动机是指人们希望从事对他们有重要意义的活动，并在活动中克服障碍，施展才能，力求取得完满结果的一种动机。一般地，成就动机由力求成功的需要和避免失败的需要两种成分组成。由于成就动机直接指向活动的结果，决定着活动的效果，因此在个体的创造活动中有着十分重要的作用。麦克里兰对不同强度的成就动机与创造性解决问题进行了直接研究和分析。他发现，成就动机高的人喜欢对问题承担个人责任，热衷于担任开创性工作，并在工作中敢于创新；而在遇到挫折时，常倾向于将问题归因于个人自身因素，会更加努力。另外一些研究者发现，在成就动机高的人当中，力求成功者（力求成功的需要高于避免失败的需要）比避免失败者（力求成功的需要低于避免失败的需要）更适合进行创造活动，有更多的创造机会，能有所创新和创造性地解决问题。

（三）创造动机在创造活动中的功能

创造动机是推动创造者进行创造性活动的动力，直接决定个体从事创造活动的期待、对结果的评价和体验，进而影响其从事创造活动的积极性和创造力的发展。创造动机在创造活动中具有三种功能：一是激活功能。动机是人的积极性的一个重要方面，它的主要功能是激发、推动个体产生创造活动。二是指向功能。创造动机总是使被它推动的创造活动指向一定的目标或对象。三是维持和调整功能。创造活动产生后，个体是否坚持下去，以及在以后的创造活动中做何种调节和改变，同样受创造动机的调整和支配。由于创造动机的性质和强度的不同，它在以上三种功能上的具体作用和表现效果也可能不相同，有时甚至可能相反。

创造活动是一种产生新观念、新事物的人类独特的活动，它关系到人类自身的生存与发展。创造活动不仅需要智力因素，还需要非智力因素的推动和协调。良好的非智力因素能提升智力因素的品质，能够激发和协调创造的能量，促进创造目标的实现。

第五节　创造力的灵魂——辩证思维

研究认为，现代思维形态分为情感思维、理性思维与创造性思维。在创造力中，情感思维的结果与创造者的创造动机直接相关；理性思维的品质决定着创造者的智力水平；而创造性思维的形态则体现着创造者的认知风格，即认知活动过程的风格或倾向性。

斯腾伯格（Sternberg）和克登（Kirton）认为认知风格有三种类型：立法式认知风格（乐于建立自己的规则和善于解决非预制的问题）、执行式认知风格（偏向于用现成的规则解决具有现成结构的问题）和司法式认知风格（用判断、分析和批判的倾向看待事物，他们乐于对规则和程序做出评价，对现有的结构做出判断，从而来检查自己和他人的行为）。具有立法式认知风格的个体具有高度的独立意识，他们自信、自主，从不循规蹈矩，勇于独辟蹊径，善于发现和解决新问题。显然，立法式认知风格在创造力中扮演着独一无二、举足轻重的角色。

成功的立法式认知风格，作为创造性思维的典型形态，表现为各种思维方法（或模式）的辩证统一。当辩证法进入人类思维的过程，使创造性思维（或立法式认知风格）得以升华，开始了辩证思维，为人类的创造力赋予了灵魂。

一、确定性思维与非确定性思维的统一

思维目标和方向的确定性，即在具体的认识过程中，主体的思考方向、目标必须是单一的、清晰的、确定的。也就是说，在从事某项科学实验或某个专题的研究中，必须有一个明确的方向或目标作为研究的轴心。在没有获得突破或做出最后的结论以前，一切辅助的思维活动都要围绕着这个轴心进行，而不得随意

改变，否则，不但问题的思考难以深入，而且会白白地浪费大量的精力、财力和物力。

思维进程的灵活性，即实现某个认识目标的具体道路是多轨迹的、不确定的、可选择的。也就是说，必须围绕某个中心进行多路思考。所谓多路思考，就是对认识对象进行全方位思考，从不同视角、不同侧面、不同方位、不同层次上加以把握。

目标和方向的确定性与达到目标的道路的多样性、不确定性，是创造性思维中常用的辩证方法之一。我们的任务就是要从各种道路中选择最优的途径。为此，必须对各种可能进行比较，从中筛选出走向某个目标的最短路程。假如思考的目标确定以后，我们仍只从某个方面做固定的思考，而不会转向其他方面做变动的思考，只有思维的确定性、固定性，而无思维的灵活性、变动性，那么，思维一旦走到了迷宫，就很难找到新的出路。

二、逻辑思维与非逻辑思维的统一

逻辑思维是有序地进行创造的过程。逻辑思维在目前来说包含形式逻辑思维与辩证逻辑思维两个层次，其基本内容就是遵循形式逻辑与辩证逻辑的规律，运用比较、分类、分析、综合等逻辑方法，借助概念、判断、推理等思维形式，揭示和把握认识对象的本质的或规律的思维过程。换言之，也就是按照逻辑规律的要求从已知推出新知的认识过程。创造性的思维成果并不是大脑自生之物，而是继承以往科学成果和总结现实经验的产物。创造性思维并不排斥逻辑思维，而是要以逻辑思维作为自己的前提。

非逻辑思维是接通中断了的逻辑思维的“接线工”。非逻辑思维是各种非逻辑因素——逻辑思维过程中存在但逻辑思维本身不可逾越的因素——参与作用的思维过程。例如，在人们的思维过程中，除了概念、判断、推理等逻辑因素在起作用以外，情感、意象、形象、直觉、灵感及经验、联想、想象、猜测、美感等，都属于起作用的非逻辑因素。在进行逻辑思维时，常常要以非逻辑思维作为自己的补充。

创造性思维离不开逻辑思维，但又不满足于逻辑思维。因为逻辑思维虽然是严密的、步步逼进的，但现实事物非常复杂，以至于仅仅根据某种逻辑程序就想进入科学的殿堂是很不够的。因此，按部就班的格式化和古板化的逻辑思维就需要灵活的思维方式作为“帮手”，而非逻辑思维正好具有这样的灵活性。它不受固定格式的约束，也不受任何时间、空间的限制，因而可以渗入任何思维过程，并总是在关键时刻帮助断路了的逻辑思维重新接通，促成思维的质的飞跃。可见，创造性思维的过程也就是逻辑思维与非逻辑思维交互作用的过程，它们是同一思维过程中两个相辅相成的方面。

三、相似性思维与相异性思维的统一

世间各种事物无不具有相似性。客观世界中的各种事物，不管相去多远，都可以在不同的发展水平或层次上找到它们的相似之处。例如，植物与动物从表面上看，似乎可以说毫无共同之处，植物属自养生物，动物属异养生物；植物一般不能自由移动，动物则一般可以自由移动。然而，它们都在“生物”的类属上产生了相似。也就是说，不论是植物还是动物，它们都是生物，都有繁衍后代、新陈代谢的共性。

世间各种事物无不存在相异性。相似性是使大千世界联系起来、统一起来的纽带，是各事物各级本质的反映，这是问题的一个方面。问题的另一个方面，就是相似的事物无不同时存在差异性。例如，同是松树的叶子，远远看去，你会觉得它们的形状、颜色、大小完全一样，没有差别。但实际上，同一棵松树的松叶仍然存在着各种差别：有的肉厚，有的肉薄；有的短阔，有的细长；有的蓬勃嫩绿，有的衰萎枯黄。所以，世界上没有两片完全相同的叶子。因为不论多么相似的事物，总是存在着差异，差异是事物的特殊规定性的反映，由此形成了世界的丰富性、多样性。

创造性思维的主体，既要具有异中见同的能力，即在相异的事物之中把握其相同本质的能力；又要具有同中见异的能力，即在看来似乎完全雷同的事物或现象里，发现这些事物的特殊的本质。用恩格斯的话说，就是既要“在对立的两极中把握统一”，又要“在统一物中把握它们的对立”。大量的事实证明，科学家的突破，不是从相异进入相似，就是从相似进入相异。要使思维真正具有创造性，就要善于进行逆向思维，善于在“相异中发现相似，相似中发现相异”。

四、单元性思维与多元性思维的统一

创造性思维总是从创造主体所熟知的单个点、线、面展开的。由于一个人实践的局限性、认识能力的有限性，创造性的思维总是由点线而面体、由局部而整体、由零散而系统地展开。思维的立体，总是从自己最了解、最熟悉、最感兴趣的方面开始，然后采取多侧面、多方位、多视角、多层次、多渠道的思考，向着四面八方延伸开去，使从某点、某线、某侧面、某阶段上开始的单元思维转向把握事物的各个层次、各个系统、各个规定，乃至事物的整个全貌——立体的多元思维。

在科学研究的过程中，从一个侧面思考而此路不通的时候，及时地转向其他侧面继续思考，就总会找到出路，获得突破。从某个最感兴趣的观点开始，而后使思维全方位地展开；或从某个熟知的事物的某个侧面开始而向多侧面的、整体的或立体的思考延伸；或从某段熟知的历史开始，而后进行纵向的历史比较，把握历史发展的全过程。这种由单元性分析走向多元性分析的立体思维，对于提高思维效率，全面地、系统地、动态地认识事物的本质和把握事物的发展规律具有重要意义。

五、形象思维与抽象思维的统一

形象思维是指在思维过程中借助于表象而进行的思维，这种思维所要解决的任务不一定是直观的，但一定是具体的，如艺术创作过程都是借助于具体形象思维进行的。抽象思维是指在思维过程中借助语言，以概念、判断、推理的形式来反映事物本质属性和内在规律的思维，这种思维所要解决的任务基本上是抽象的。

从创造性思维的发生、发展和完成来看，形象思维与抽象思维总是交互作用、互相补充的。这主要表现在：创造性思维的发生，它的“灵光”的闪现往往是形象的，而其思想的深化又往往是抽象的；当思想断路以后，接通思想断路的思索往往是形象的，而沿着思路走向目标的进程又往往是逻辑的，即抽象的；当创造性思维的酝酿过程将要出现飞跃的时候，即是形象的，而把这种飞跃获得的认识成果拿去进行逻辑证明的时候，又往往是抽象的。为什么在思维发生之初，或接通思维断路的关节点上，或思维即将出现质变、飞跃的时刻，总是伴随有形象性的思维呢？那是因为在这些时候，创造性思维必须借助联想或想象，把自己正在思考的问题与经验中自己熟知的事物联系起来，然后借助事物都有相似性的原理，把某些自己熟知的规定、原理或方法移植到正在研究、思考的问题上来。而这一切，没有联想或想象作为桥梁，是不能实现的。

六、辩证思维是创造力的灵魂

在创造性思维里，不但抽象思维与形象思维相辅相成，而且与其他思维形式，如悟性思维、立体思维等思维形式也常常交织成一个整体。事实说明，创造性思维要真正取得创造性的思维成果，必然是各种思维样式、思维方法、思维规律综合运用于同一思维过程的结果。否则，单靠任何一种思维模式，都难于解决人类面临的各种极其复杂的问题。这也说明，能把各种思维模式统一于一个思维过程中的，不是别的，而正是辩证思维，辩证思维是各种思维形式联系的纽带，是创造性思维的活的灵魂。

为什么创造性思维必须在思维的辩证运动中完成？为什么必须在各种思维模式的对立统一中进行？其思维运动为什么必须是辩证的呢？

这是因为辩证法是关于普遍联系的科学。因为事物有普遍联系，所以它们才会纵横交织，呈现出一幅立体的网络，使我们的世界既五彩缤纷又互相统一，既相异又相似。客观事物既然如此，反映这个客观事物的思维模式当然也应如此。唯有如此，才能抓住这个立体网络中的任何一个网络（即纽结），而使思想沿着不同的网络发展下去，直至找到新的网结为止。当然，新的网结又可以作为新的认识的开端，向着更新的认识发展。所以，辩证的思维，为联想和想象，为一种思维模式向另一种思维模式的过渡提供了理论根据。

辩证法又是一门整体的科学、系统的科学、立体的科学。它把各种不同的认识体系放在不同的发展阶段或水平上，从而构建成一个个系统，并由这些系统构成更大的系统。在考察这些系统时，由于辩证法的全面性的要求，它就必须了解该系统内部的所有矛盾，所有矛盾的各个方面，以及它们在该系统中的地位。同时，也要考察系统的各种矛盾和矛盾的各个方面与其他系统中的各种矛盾和矛盾方面的联系。辩证法的这一本质，反映到思维中来，它就特别要求把各种思维模式、思维要素、思维方法，诸如确定的与非确定的、逻辑的与非逻辑的、相似的与相异的、单元的与多元的、抽象的与形象的等因素纳入一个统一的系统中，构成整体的思考、系统的思考、立体的思考。这样的思考，才会最大限度地克服其片面性，同时也才会最大限度地发挥其创造力。

辩证法又是一种绝无保守的开放性学说，因为这种学说承认万事万物都是永恒不停地运动着或发展着，发展的具体形式可以改变，但发展的一般进程会永不终止。按照这种观点，人类以往的认识都会有其历史的局限，任何一个杰出的科学家都只能达到历史条件许可的高度。就像田径场上的接力赛，任何一个运动员都只能跑完自己范围里的那段路程一样，剩下的路程还要由后来人去完成。因此，辩证法不但对其他科学持历史主义的态度，而且对于自身同样持历史主义的态度。辩证法的这种观点，反映到思维中来，它就必须历史地对待过去和现今的一切，也就是说，既不否定一切，也不肯定一切，而是在正确中注意或克服其错误的成分，在错误中注意或发扬其积极因素，是一个“扬弃”的过程。世界上不存在绝对的正确，也不存在绝对的错误，而只存在相对的正确和相对的错误，因而务必要坚持同中求异、异中见同的逆向思维，否则就会自满自足，停滞不前。

辩证法和在辩证法的基础上进行的辩证思维，能够将各种思维的机制、因素或方法调动起来，使其围绕着某个思维目标协调一致地活动。因而，它是一种最为重要的创造性思维方法，同时它也是一种最科学、最高级、最有效的思维形态，是人们探索未知的一种最优秀、最卓越的认知风格，是人类创造力的活的灵魂。

第六节　创造力的土壤——社会环境

人类是群居的高等动物，人的生存、实践和发展都离不开社会这个大环境。对于创造者个体而言，社会环境——社会心理因素、社会教育因素和其他社会因素等，均不同程度地对其成员创造力的成长和发挥产生着这样或那样的影响。可以认为，社会环境是人们创造力生长的土壤。

一、社会心理因素

个体一出生，便置身于一种既定的社会环境之中，这种社会环境构成个体心理发展的重要背景。个体创造力的发展离不开这个大的背景。

（一）文化因素与创造力的发展

一个人创造力的发展，创造潜能的发掘，必须凭借一定的文化手段或物质手段。文化因素极大地影响个体创造力的发展，不同的文化背景对个体创造力发展有不同的作用。面向世界的、能兼容多种文化刺激的开放性文化有利于个体创造力发展，而过分封闭的、排他的单一性文化会阻碍个体创造力发展；指向未来的、顺应发展趋向的、正在生长着的文化有利于个体创造力发展，而指向过去的、只重继承的、停滞不前的文化会抑制创造力的发展；面向现实的、关注大众的文化有利于个体创造力发展，而空谈理论的、自我陶醉的文化会抑制创造力的发展。此外，呼唤公平能不能成为文化的主旋律及社会文化对新生事物宽容程度等，也极大地影响着个体创造力的发展。

（二）社会舆论和风尚与创造力的发展

社会舆论是一种公众意见，社会上一般人接受并赞同这种意见，并且在心理上产生共鸣。社会舆论是一种强大的社会心理力量，它对团体和个人的心理都会产生一定的影响。社会对创造活动的正确舆论是进行创造活动的一个重要社会心理激励。若社会舆论轻视知识和技术，流行“读书无用论”，则会影响个体进行创造活动的积极性，从而抑制个体创造力的发展。

社会风尚是一种社会心理现象。它是群体的心理状态，是社会一定时期流行的风气，它对人们的创造活动有一定的影响。当社会风尚尊重知识和人才、尊重科学创造的价值时，将有效地激励人们的创造欲望，促进个体创造力的发展。

（三）学术心理因素与创造力的发展

个体生活在社会和集体中，周围的学术氛围——学术交往、学术合作、学术竞争氛围，必然会影响其创造力的发展。创造者的学术交往可以扩大交往双方的信息量，拓宽创造者个体的思维广度，打破交往双方的思维定式，启迪创新思路，激发创造者的灵感，增强思维的灵活性。创造者的学术合作能增强个体和整体的创造能力，增强克服困难的心理力量，激发良好的创造状态。学术竞争可以极大地调动创造者个体心理能量，增强创新意识，反过来又促进其主动合作的积极性。

（四）人际关系与创造力的发展

人是社会的人，生活在一个社会和集体之中，必然要同其他人进行各种社会交往。人际关系是指在人际交往的基础上形成的人与人之间的相互认识、情绪体验与心理反应，表现为人与人之间在认识上的一致或不一致，情感上的共鸣或隔阂，行为上的协调或不协调等。人际关系的种类很多，对创造力发展的影响大小也各不相同。例如，良好的同伴关系既能通过良好的情感体验促进积极的思维和创造，又使得个体在团体中模仿和学习其他成员的创造方法和创造技巧，促进个体创造力的发展，但也可能使个体随波逐流，盲目顺从，从而抑制个体创造力的发展。又如，真正的友谊有助于信息的沟通，培养共同的兴趣，相互帮助和鼓励，是推动人们为共同理想而奋斗的强大动力，有助于个体创造力的发展。

（五）爱情、婚姻与创造力的发展

爱情、婚姻是人类精神生活的一个领域，对于人类的创造活动具有重大的影响。因为在爱情中，人们可以发现自己的映像，找到自己所追求的美的理想世界。纯洁的爱情激励人们热爱生活，为美满的人类生活而进行创造；浪漫的爱情能唤起人们良好的情绪，对爱情的渴望，促使创造力和灵感的喷发。爱情是一种特殊的友谊，在人生顺利时，它鼓舞着人们昂首前进；在身处逆境时，美好的婚姻、忠贞不渝的爱情，又是使人重新振作的强大心理支柱，激励着人们不断进行创造活动。可以说，真正的爱情是推动创造活动的风帆。

二、社会教育因素

个体的心理发展是由其所处的环境所决定的，遗传只提供了心理发展的可能性，而环境则规定了心理发展的现实性。大量的研究表明，良好的教育环境有助于创造力的发展，而不良的教育环境则可能抑制个体创造力的充分发展。

（一）家庭教育与创造力的发展

家庭是社会的细胞，是最主要的一种社会组织形式。随着社会的发展，家庭的结构形式也在发生着变化。在现代社会中，家庭规模越来越趋向于一夫一妻或夫妻与未婚子女组成的核心家庭，家庭的经济、政治等各种功能逐渐分化出去，由社会所取代，但是家庭的教育功能则不断得到强化，内容也丰富起来。大量的研究表明，家庭因素是影响个体创造力发展的一个重要因素。

早期家庭教育对开发个体潜能具有重要意义。研究表明，教育越晚，儿童生来而具有的潜在能力发挥出来的比例也就越少，反之亦然，良好的早期教育则有助于儿童潜能的开发。

1. 家庭教育对个体个性形成的影响

研究表明，个体从出生到学龄前期，随着各种认知能力的不断提高，认识的范围和深度也进一步发展。这一时期也是儿童个性形成的关键期，在家庭中，他们主要通过观察他人的言行及结果作为自己言行的榜样，进行模仿，学会大量的行为及结果，并经过反复实践而形成一定的态度体系和行为方式，获得关于生活和人生行为举止的最初概念，学习并养成良好的行为习惯，逐渐形成自己的个性特征。

2. 家庭关注、期望与创造力的发展

大量的事实都证明，在家庭中家长较为关注的、期望值较高的儿童，会得到较多的鼓励和机会，能促进孩子向家长所期望的方向努力，有助于个体创造力的充分发展。

3. 家庭的教育方式与个体创造力的发展

家庭的教育方式一般分为三种：压制型、溺爱型和民主型。研究发现，压制型和溺爱型的教育方式易使孩子养成依赖、顺从的习惯，思维懒惰，缺乏创新性，创造力水平低。民主型的家庭教育则让儿童积极参与各种事务，以激发孩子强烈的创造动机。在这种气氛下，孩子和父母之间存在着积极的交流关系，很小的儿童就会尝试着想出新颖的主意，使自己的行为和思维方式更加独特，个体的服从意识减弱，独立意识加强，创造性得以发展。

（二）学校教育与创造力的发展

学校教育是一种有目的、有组织、有系统的教育，在影响个体创造力发展、潜能开发的因素中，学校教育比家庭教育具有更重要的意义。

1. 教师的个性与行为

在教学过程中，教师的“教”在很大程度上决定了学生的“学”。一方面，儿童的创造力发展具有极大的潜在可能性，教师的教学工作可以促使儿童的这种潜在可能性向现实性转化；另一方面，教师本身的能力结构和个性特征对儿童的发展也产生着潜移默化的影响。能促使学生的创造性获得最大进步的教师，往往是那些更热爱自己的职业，与学生的关系更友好的教师。

2. 课堂气氛与创造力的发展

课堂气氛是指课堂教学中所表现出来的一般情绪状态，它是教学能否促进学生创造力发展的重要条件。有研究发现，开放课堂（作为一种教学模式，包括空间上的灵活性、学生对活动的选择性、学习材料的丰富性、课程内容的综合性、更多的个人或小组教学而不是大班教学）能够形成一种有助于进行批判性的探究、激发好奇心、培养冒险精神和提高自学能力的气氛，有利于学生思维的流畅性、灵活性、独创性等品质的培养，因此，比传统课堂更有助于促进学生创造力的发展。

（三）社会教育与创造力的发展

社会教育是整个教育系统的一个有机成分，是对学校教育的补充，社会教育水平与一个国家的文明程度密切相关。在现代社会，社会教育机构的多样化、课外读物的多样性、影视文化的繁荣发达、种类繁多的社会教育设施等，都从不同的渠道给个体创造力的发展提供了有利的支撑和积极的影响。

三、其他社会因素

发明创造是社会实践的一种形式，是在一定的社会背景和群体氛围下进行的。因此，个人的创造活动、创造力的发展和发挥必然会受到科技环境、学术环境、群体环境、自然环境和工作环境等社会环境因素的影响和制约。

（一）科技环境

1. 国家的科技战略与创造活动

一个国家的科学文化战略制约着人们创造的积极性，规定了整个社会出现创造型人才的性质、规模和方向。只有根据世界科技发展的趋势和国情来确定科学研究的战略重点和主攻方向，才会促进人们创造的积极性。正确的科技战略是国家强大、创造性人才涌现的关键和根本。

2．科技政策与创造活动

科技政策是科技战略的具体化，是鼓励人们积极地进行发明创造的具体措施，它关系到文化的繁荣和经济的发展，只有制定鼓励科学创造的科技政策，才会促进人们的积极性和主动性，才会保证科学文化的繁荣和发展。此外，先进的科研设施、合理的分配政策、科学的人才管理制度等都是充分发挥人才创造力的重要前提条件。

（二）学术环境

1．科学协作与创造活动

现代科学发展的重要特点之一是社会化和整体化趋势，这就要求加强科学协作，联合攻关。随着科学的整体化发展，科学创造的规模日益扩大，科学创造的集体也日益复杂，有的创造目标是跨学科的，因此迫切需要各种专长的创造者联合起来，共同创造。

2．图书资料与创造活动

图书资料是在人类改造自然和社会的实践中积累起来的智慧结晶，它是创造活动的重要资源和财富，是联系不同时代科学创造者智力的纽带，是创造活动的基础。在科学技术飞速发展的现代社会，建立足够数量的、现代化的、高质量的图书馆，提供便利的信息检索手段，对于提高创造活动的效率是非常必要的。

3．实验技术设备与创造活动

实验技术设备包括各种仪器、仪表、材料、试剂等，是进行创造活动的重要生产资料和必要条件。用最新的科学理论和信息技术装备起来的现代化实验技术设备能够极大地提高科学创造的效率。

（三）群体环境

如前面所述，科学的发展和日益整体化，集体的创造取代了手工业式的个人创造，个人的创造必须置身于创造群体之中。因此，群体环境就不可避免地影响到个人的创造活动和创造力的发展。

1．群体组织与创造活动

研究表明，当目标明确为群体内部的个体时，“竞争本能”会激发每个个体更大的努力；而当目标明确为群体所共有时，“依赖性”会阻碍群体中的个体创造力的发挥。

2．示范与创造活动

一些心理学家认为，创造性部分可以通过与伟大的榜样相接触而获得。但艾曼贝尔的实验研究表明，在一个人的专业发展中，如果能早一些接触到创造性的榜样，这也许有利于较早地获得创造性成就，但从长远观点看，对榜样的进一步模仿会有害于创造力的发展。因此，示范对个人创造性的影响是不确定的，可能是积极的，也可能是消极的。

3．最佳的创造群体

研究表明，有他人在场的情况对创造性的发挥是不利的，而科学的发展则要求创造群体化，要求个人创造活动置于群体环境中。要解决这一矛盾，就要求创造群体具有最佳的智力结构。具有最佳的智力结构的群体应具备如下特点：①齐全性，即群体在组织能力因素、专业能力因素、年龄能力因素与能力特点因素上都齐全，并且要求这几种因素自身都要有一定的差异；②互补性，即每个个体的智力结构都有其所长，也有其所短，个体的智力优势能集中形成创造群体的智力优势；③协调性，即群体应具有协调性，能使集体中各个成员各展其能，施展特长，发挥其智力优势，增强群体智力结构的效应；④高效应，即群体应是高效应的，群体智力结构的智力效应大于个体的智力效应总和。

（四）自然环境和工作环境

1．自然环境

迄今为止，关于自然环境对创造性的影响还没有人进行过专门的研究，只是传说某些创造性人物常常要在稀奇古怪的自然环境里才能更好地工作。

2．工作环境

有关研究发现，在促进创造潜力得以实现的工作环境因素中，有两个因素至关重要，一是没有上级部门的干扰；二是职业具有稳定性。由此可以推测，最佳的工作环境应是：最少的人为干扰和最少的后顾之忧。这样的工作环境对个体的心理稳定和创造力发挥能起到保障和促进作用。

第二章

大学生创新思维的培养

思维是人脑对客观事物的一般特性和规律性的一种概括的、间接的反映过程。在实践中，人们对记忆中感觉或知觉到的丰富感性材料进行“去粗取精、去伪存真、由此及彼、由表及里”的改造和制作，通过迂回、间接的途径去找到问题的答案的认识活动，就是思维活动。思维是我们认识活动的高级阶段，同时，思维活动又是人的头脑的活动，因此，头脑决定着人的思维能力和思维品质。有人比喻说，每个人都有三个头脑：大脑、智脑、金脑。大脑代表人的遗传天赋，智脑代表人的知识结构，金脑代表人的创造力。在知识经济时代，人才的含金量取决于头脑有无创造力。

创造力是根据一定目的产生有社会（或个人）价值的，具有新颖性成分的思维成果的智力品质。暂且不谈创造力的本质，仅从创造所产生的成果必须具有“新颖性”这一特征，我们往往觉得创造必创新，创新即创造。基于这个共识，我们不妨将创造力与创新能力画等号。

创新是什么？有人着重从过程上去把握，认为创新是指人的生命主体在与其生存状态、生命历程和互动中所激发出的人的能动性、创造性思维和行为的总和；有的则侧重于结果，认为创新，顾名思义，指的是破旧立新，推陈出新，而在普遍文化意义上的创新是指创造、创意与创见。当然，我们还可以从价值上去认识创新，作为人类区别于其他动物的根本特性之一，创新是人类社会发展进步的内在动力。总之，创新是人所特有的一种能力，创新表现为一个复杂且特殊的过程，创新应产生具有新颖性的成果，创新对人类社会发展进步的意义重大。

作为社会活动主体的人，同时也是创新活动的唯一主体，个体的人欲成为创新主体，需要具有创新意识、创新思维和创新能力。三者之间，创新意识是创新思维和创新能力的前提，创新能力是创新意识与创新思维在实践中的保证和外化，而创新思维则是创新活动开展的核心支撑。

因此，什么是创新思维？如何培养创新思维？这些问题应是立志创新的当代大学生普遍关注的问题。

第一节 创新思维与科学思维

思维是以感知、记忆、思考、联想、理解等能力为基础的人的大脑的活动。创新思维与科学思维共生于思维这一范畴内，但在内涵方面又各有侧重。创新思维以思维的综合性、探索性和求新性为特征，在强调思维过程中各种思维形态的灵活配合的同时，也不轻视理性思维的作用；而科学思维则以强调遵循认知规律为特征，在突出理性思维作用的同时，也提倡多种思维形态共同参与。前者在求新中达真，后者在求真中达新，二者殊途同归，在结果上统一于获得新知。

一、创新思维观念

创新思维是以感知、记忆、思考、联想、理解等能力为基础，以综合性、探索性和求新性为特征的高级心理活动，其产生是人脑的右脑和左脑的同时作用和默契配合的结果。按著名经济学家熊比特的说法，创新的核心含义是“引入新要素，实现新组合”。

（一）创新思维的六要素结构

根据当代心理学和神经生理学最新研究成果而提出的关于创新思维的“内外双循环理论模型”（DC模型），创新思维结构应当由发散思维、形象思维、逻辑思维、直觉思维、辩证思维和横纵思维六个要素组成。这六个要素并非互不相关、彼此孤立地拼凑在一起，也不是平行并列、不分主次地结合在一起，而是按照一定的分工，彼此互相配合，每个要素发挥着各自不同的作用。

对于创造性突破来说，有的要素起的作用更大一些（甚至起关键性作用），有的要素起的作用相对小一些，但是每个要素都是必不可少的，都有各自不可替代的作用，从而形成一个有机的整体——创新思维结构。

在创新思维结构的六个要素中，发散思维主要解决思维目标指向，即思维的方向性问题；辩证思维和横纵思维为高难度复杂问题的解决提供哲学指导思想与心理加工策略；形象思维、直觉思维和逻辑思维则是人类的三种基本思维形式，也是实现创新思维的主要过程（即主体）。换言之，六个要素中，一个用于解决思维过程的方向性（起指引作用），两个用于提供解决高难度复杂问题的指导思想与策略，另外三个用于构成创新思维过程的主体，如下所示：

一个指针（发散思维）——用于解决思维的方向性；

两条策略（辩证思维、横纵思维）——提供宏观的哲学指导策略和微观的心理加工策略；

三种思维（形象思维、直觉思维、逻辑思维）——用于构成创新思维过程的主体。

这就是创新思维活动中六个要素的不同作用及它们之间的相互关系。创新思维结构就是由这六个要素及上述关系组成的有机整体。如上所述，这个整体中的每一个要素都有各自不可替代的作用，所以必须系统地、全面地看待创新思维结构（即不应将其中的某一个或某几个要素孤立出来或割裂开来，单独加以强调）。由于创新思维结构是理解和掌握创新思维活动的钥匙，也是进行创新思维培养与训练的总纲，因此，对这个结构及其中各个要素的作用与特性，必须有一个全面、正确的认识。

（二）创新思维的类型、特征、意义

1. 创新思维的类型

创新思维有两种基本的类型，即发散思维和复合思维。创新活动要经过从发散思维到复合思维，再从复合思维到发散思维，多次循环完成，这两种思维是辩证的、相辅相成的，其中发散思维占主导地位。创新思维并非游离于其他思维形式而存在，它包括各种思维形式。

2. 创新思维的特征

创新思维是思维的高级形态，因此既有一般思维的基本性质，又有其自身特征。与常规思维相比，创新思维的最大特点在于它的流畅性、变通性和独创性，而这些特性的产生在于巧妙地发挥了人脑思维的潜能，特别是与右半脑的功能的发挥密切相关。凡是能想出新点子、创造出新事物、发现新路子的思维都属于创新思维。

3．创新思维的意义

创新思维的意义在于发现和发明。发现，即思维主体通过创新思维，发现客观存在的但人们并未认识的事物，把它揭示出来，认识并利用它的价值，开辟新天地。发明，就是运用已有知识、原理与规律，经过分解组合，加工改造，创造出新技术、新产品、新方法等的过程。发明分为整体发明，如手机、彩电等以及局部性的改进，如蒸汽机的不断改良。整体发明通常难度比较大，价值高，要多加重视；但局部发明更常见，更为简便易行，价值也不低，更适合于社会大众。

创新思维在人们的生产和生活中无处不在。例如，古希腊著名哲学家阿那克西米尼生于中亚的莱普沙克斯，他思维灵活，想象力丰富。有一次，阿那克西米尼随亚历山大远征波斯，在军队将要占领莱普沙克斯时，他为使故乡免受兵燹，就前往拜见国王。亚历山大早就知道阿那克西米尼的来意，未等他开口便说道："我对天发誓，决不同意你的请求。""陛下，我请求您下令毁掉莱普沙克斯。"哲学家大声说道。不可一世的亚历山大为维护自己的尊严而不便食言，莱普沙克斯幸免于难。

在这里，阿那克西米尼运用的就是创新思维，创新思维帮助阿那克西米尼解决了难题。不过，在人类历史上，创新思维所起的作用远不止此，它能决定一个地区的生活方式，一个公司的成就，甚至改变整个世界。例如，我国东汉时期的蔡伦发明的造纸术打破了贵族阶层对知识的垄断，使普通劳动人民也有了接受教育的可能，对中华文明甚至整个世界都起到了不可估量的推动作用；牛顿、瓦特等科学家们的卓越发现为工业革命奠定了基础；凯恩斯创立的经济理论改变了美国社会，影响了整个世界；比尔·盖茨等少数几个人的创新能力使他们成为全球首富，并将人类带入了知识经济时代……

二、科学思维观念

科学思维，即科学地思维，就是要按照客观事物的本来面貌去认识客观事物，按照客观事物之间固有的、必然的联系去探索未知事物，按照客观事物的变化规律去创造新事物，按照实践提供的感性信息去认识客观事物的本来面貌，识别主观认识是否符合客观实际，通过实践去变革客观事物和检验主观认识是否符合客观实际。现代科学技术的飞速发展，促进了人类思维方式的深刻变化，一方面，深化了原有的思维方式，使之更富有生机和活力；另一方面，又创生出新的思维方式。常见的科学思维方式主要有以下几种。

1. 实证方法

实证方法是随着现代西方哲学而兴起的一种比较传统的科学思维方法。实证方法，即在揭示现象之间现实的、有用的、可靠的、确切的和肯定的联系基础上，通过具体地描述各类现象，再经过归纳上升到规律和一般性结论。实证方法具体表现为观察方法、实验方法和比较方法。

2. 定性与定量方法

定性思维是认识事物的性质，把这种性质作为掌握事物千差万别特性的依据；定量思维就是认识事物的数量关系，把数量分析作为认识的深化和精确化的必要条件。只有定性与定量相结合，才能准确地认识和掌握事物的本质与发展规律。因此，二者互为前提，互相补充。没有定量做补充，定性是空泛的或模糊的；同样，没有定性的定量也是空洞和抽象的。例如，我们知道人口是不断增长的，从定性思维我们可以完全认识到，但要求得问题的“精确解”，还要通过定量思维的分析的数据来佐证，这些数据包括总人口数、人口自然增长率、死亡率、世界人口分布、未来人口预测等。

3. 假说演绎法

假说演绎法即假说方法，它是借鉴自然科学中的假说去调动思维主体的主观能动性和创造性，去修正和不断创新已经陈旧或日渐失效的理论。科学的假说方法具有推测性、一定的科学性和易变性等特点，假说一旦被证实，就成为科学，即使被推翻，对人们进一步认识和探索事物仍具有积极意义，因此它是一种创造性的思维方法。在天文、数学研究领域，此方法应用广泛。

4. 发散收敛思维方法

发散性思维是指在解决问题时，思维能不拘一格地从仅有的信息中尽可能扩展开去，朝着各个方向去探寻各种不同的途径和答案。它强调多角度、多侧面地看待事物，它蕴含着丰富的联想，可以比较全面地、灵活地、迅速地反映事物多方面的状态和趋势，及时寻找解决问题的合理方法，游刃有余地处理问题，使思维不陷入困境。

发散思维具有流畅性。流畅性是指发散思维的量，即在较短的时间内产生较多的联想。世界上客观事物总是相互联系的，具有各种不同联系的事物反映在头脑中，可以形成各种不同的联想。收敛性思维则是以集中思维为特点的逻辑思维，它常常通过对各种不同意见、不同想法加以集中，从而得到解决问题的方法和程序。

5．动态与静态思维方法

动态思维方法是一种运动的、调整性的、不断优化的思维活动；静态思维方法是以“静”为主的思维过程，它要求从固定的概念出发，循着固定的程序，达到固定的成果，是一种趋近于定型化、稳定化的思维方法。两种思维方式有不同的逻辑表达形式和不同特点。静态思维的逻辑表现是形式逻辑，以程序性、重复性为自己的思维特色；动态思维的逻辑表现是辩证逻辑，以变动性、协调性为自己的思维特色，但二者可相互渗透且相互联系。

6．纵向与横向思维方法

纵向思维是一种历史性的比较思维，它是从事物自身的过去、现在和将来的分析比较中，发现事物在不同时期的特点及前后的联系，从而把握事物及其本质的思维过程；横向思维是一种共时性的横断性思维，它研究同一事物在不同环境中的发展状况。

第二节　创新技法荟萃

创新技法的任务主要是开发人的潜在创造能力，激励、启发人们产生新设想，传授有关创造的诀窍和规律。目前世界上流行的适合集体或个人的创新技法有上百种，多数是一些经验总结，按不同的思维方法主要有以下几种。

一、联想思维创新法

联想思维创新法就是通过联想赋予“残破的东西”以新的生命。常见的联想思维创新有以下几种。

1. 仿生联想法

仿生联想法是一种以生物系统的生理机能和结构特性、生物状态为模仿的对象，以实现生物系统人工化的创造成果为目标的思维方式。联想的起点是由生物的某种现象与有待解决的问题共同形成的，仿生联想的过程从联想的起点开始，到仿生创造概念的产生结束。

培养仿生联想能力，可从以下三个方面入手：第一，观察生物现象，提高联想能力。生物现象都较为复杂，有的能用肉眼看到，有的却不能，这就要培养及提高观察生物现象的能力，以人们直接观察到的生物现象和别人发现的生物现象作为仿生联想的起点，打好仿生联想的基础。第二，注意研究生物现象。只看到现象还产生不了仿生联想，还要进一步弄清这种现象是怎样形成的？其目的是什么？第三，与实际联系起来，有的放矢，强化目的。不可能每个人都有条件对生物现象进行观察，做深入研究，关键是要对已知的生物现象进行联想。

2. 逆反联想法

事物总是相互对应的，大与小、黑与白、正与误、冷与热、动与静……从事物的某一方面联想到与该事物相对应的另一方面，这就是逆向联想。我们在头脑中可以根据事物之间在形状、结构、性质、作用等某个方面存在的彼此相反的情况进行联想，从而引发出某种新设想。

逆反联想的基本路径是：先确定一个逆反联想的事物，寻找逆反联想可能的起点，在一个确定事物上寻找到的逆反联想起点越多越好；然后，针对逆反联想的不同起点，逐个分析和判断逆反联想的价值，评价结果的可信度和可行性；最后，做出选择并付诸行动。例如，我国广东一中学生发现，打开扇子可以看到许多等分角，扇子的轴就是这些角的共同点，只要沿着等腰三角形底边上的高开一条导向槽，然后用一枚大头针固定，公共顶点就可以沿着槽任意地移动等分角。就是这样运用逆反联想，一位中学生发明了准确而简单的“任意角等分仪”。

3. 突发联想法

突发联想就是突然产生联想，即由某种事物出发突然联想到其他事物。突发联想的关键是联想起点，正因为人们很难发现突发联想的起点，所以突发联想很少。在现实中，能成为联想起点的事物并不少，只是我们熟视无睹，视而不见，缺乏“火眼金睛”及敏锐的头脑。突发联想突发在一时，功夫在平时。为获得突发联想，需要我们在平时努力做到：对某个问题全身心投入；知识面宽；广泛接触各种事物，关注它并使之与你思考的问题联系起来；好奇心强，凡事刨根究底；善于听取各方意见及建议；能不断变换角度思考问题；既能钻研，又不钻牛角尖。

4. 综合联想法

以某一事物作为联想的起点，在联想过程中，如果包含了两种或两种以上不同种类的联想，这样的联想就是综合联想。综合联想是自由联想、仿生联想、艺术联想、强行联想、相似联想、逆反联想、置换联想等联想的综合。联想可从确定综合联想的事物入手，选择综合联想的起点（一般选择容易产生较多联想的那种联想作为起点），通过变换联想后，对结果进行分析，一看有无价值、意义，二看能否继续联想，从而在继续联想中改变综合联想的结果。

5. 类比联想法

类比联想法就是将创新的客体与某一有共同点的事物进行对照类比，通过联想而获得启示进行创新的方法。类比联想法既要借助于原有的知识，但又不能受原有知识的过分束缚，它要求人们通过联想思维，把不同事物联系起来，求同存异，产生出新成果。

类比联想法的实施要经过以下三个步骤：

（1）正确选择类比对象，进行类比时要善于运用联想，把表面上毫不相关的事物联系起来。

（2）将两者进行分析比较，从中找出共同的属性。

（3）在前两步的基础上，进行类比推理，得出结论。

类比联想法是在两个特定的事物之间进行的，既不同于从特殊到一般的归纳方法，也不同于从一般到特殊的演绎方法，根据类比对象的不同，可分为拟人类比、直接类比、因果类比、对称类比、综合类比等。

二、发散思维创新法

发散思维，是指围绕某一待解决的问题，让思维尽可能多地向各方面展开，保持思维的广阔性，不受时空的限制，向多方向探索。

1. 正向思维法

正向思维法是一种常见的思维方式，它一般是在本领域内思考问题，使思路在一定条件下朝着专业方向顺势发散出去，从而寻找解决问题的方法，是一种“顺藤摸瓜”式的思维。

正向思维看似平常，但它并不表现为一种超稳态的惰性或刻板式的渐进，相反它灵活机动，透过现象深入到问题实质之中，从而获得解决问题的方法。

2. 侧向思维方法

事物本来是相互联系的，它们之间存在相似、相异之处，这种内部联系在特定的条件下才会表现出来。侧向思维能触类旁通、举一反三、由此及彼，在解决问题时，一旦受到相似事物的刺激，就会形成兴奋沟通，把此物与彼物连接起来，产生侧向发散，结出侧向思维的硕果。

培养侧向思维，要有丰富的生活经验和广博的知识；要善于举一反三，把握事物之间的相似性；善于将生活中的感性经验与生活、工作中出现的意外现象联系起来，练就出一双敏锐的“火眼金睛”，这是侧向思维的首要条件。

3. 逆向思维方法

从人们习惯了的角度、视点看问题，往往会阻碍人的思维，如果变换一个角度，用新的眼光看待某个事物，可能会看出一番新景象，这就是逆向思维的方法。在创新过程中，如果我们能够从以下几个角度进行逆向思维，一定会有新的发现：

（1）把条件颠倒。条件颠倒必将引起事物和问题也发生相应改变，倒过来想，有可能获得对事物的新认识，想出解决问题的新办法。

（2）把作用颠倒。就某种作用从相反的方向思考，有可能产生新主意，提出新设想。

（3）把方式颠倒。由于事物和事物之间的内在联系性，将事物起作用的方式颠倒后，我们可以从事物作用方式的反方向进行思考，以引发出某种新设想、新创意。

（4）把过程颠倒。倒过来想，可以改变人的认识和态度，引发新设想的萌生。

（5）把位置颠倒。从不同位置看一个事物，往往会得出不同的结论，换位思考，有可能形成新的看法，产生新设想。

（6）把结果颠倒。从结果倒回去想产生原因及过程，往往可获得新认识或新设想。

（7）把观点颠倒。把作为客观事物反映的思想观点倒过来想，从相反方向去思考，有可能获得新认知、新见解。

第三节 培养创新思维的方法

科学技术的发展、社会各项事业的进步都要靠不断创新，而创新就要靠不断涌现出来的年轻英才。大学生培养创新能力既是实施科教兴国和建设创新型国家的必然要求，也是提高大学生自身综合素质的重要途径。在国家建设创新型国家的总体战略部署下，大学生自我主动培养创新能力势在必行。

一、大学生创新能力现状

大学生正处于思维创造活动发展的重要阶段，他们思维敏捷、精力旺盛、思想活跃。然而，大学生的创新能力还是比较低的，具体体现为以下四个方面。

（一）好奇心强，但缺少创新意识

大学生对知识、经验的积累和掌握非常快，已不满足于现成的结论，具有强烈的好奇心。但由于教育体制和大学生自身的原因，我们并没有养成创新意识。我们往往只是单纯地在好奇上停滞不前，不愿意或者不敢于标新立异，提出新观点、新方法，为解决新问题和创造新事物而努力。

（二）思维敏捷，但缺少创新思维

大学生随着知识和经验的不断积累，想象力逐渐丰富，思维能力，尤其是逻辑思维能力有了很大程度的发展。但由于知识面窄，学科之间缺乏合理的整合，思维方式往往是单一的和直线式的，致使我们思考问题时缺乏灵活性和全面性。

（三）具有一定的创新想法，但缺乏创新技能

大学生对创新已有一定的认识，希望在学习中产生新思想与新理论，积极寻找新的学习方法。由于学校创造性学习的条件局限及大学生自身不去创设和充分利用学校的条件，我们往往不能把握本学科的最新发展动态，而常常是闭门造车，不去向知识和经验丰富的教师或能力较强的同学请教，不重视相关学科的知识迁移等。创新技能的缺乏限制了我们大学生创新能力的进一步发展。

（四）有创新的热情，但创新精神不佳

大学生通过自主学习和教师引导，有了一定的创新热情。但由于缺乏广泛的沟通和对社会的全面了解，导致其创新目标不够明确。许多大学生虽然不满足于现状，但往往只是牢骚满腹，缺乏行动的信心。另外，大学生也缺乏创新的毅力。有些大学生也能认识到毅力在创新活动中的重要性，但在实际工作过程中往往虎头蛇尾，见异思迁。

二、大学生自我主动培养创新思维的途径

著名教育学家陶行知说过：“处处是创造之地，天天是创造之时，人人是创造之人。”我们当代大学生应该通过各种途径，勇于培养自我创新能力。为此，我们必须树立创新意识，掌握创新方法，培养创新精神，逐步提高创新能力。下面提出以下几个大学生主动培养创新思维的途径。

（一）勤于实验观察，树立创新意识

目前，在大学生学习生涯中，都安排有一定的实验课程。大学生应该积极地进行这些实验，努力发现并保护自己的好奇心，激发求知欲，培养创新意识。从实验目的的角度讲，实验一般可分为验证性实验和探索性实验两种。对于验证性实验，我们应该注重试验操作步骤的合理性和规范性，培养自己严谨的实验态度和作风；而对于探索性实验，我们应该灵活运用所学的科学知识，对实验过程进行全方位的想象，对多种因素进行取舍，对所得信息进行筛选，有全局观念并善于应变。以笔者自身经历为例，学院许多课程的设置都包括理论课与上机实验课，理论课上掌握思路与操作方法，在实验课中多实践、多操作，在已有方法的基础上再尝试着自己可不可以换一种解题思路，勤于观察，有助于树立创新意识。

（二）努力学习课程知识，掌握创新思维方法

人的创新能力来源于创新思维，而创新思维是建立在合理的知识结构之上的。因此，培养创新能力，必须从构建良好的知识结构开始。从大学入学开始，学生接触的就是一个全新的环境。首先，老师会在课堂上对学生进行潜移默化的创新教育，教育思维不再是定势思维，而是开放式思维；教育方式与初高中的教育方式大不相同，大学教育更注重的是如何去学习，如何去应用；并且课堂上所学习的知识不再是一成不变的，而是日益更新，跟随时代发展脚步而进步的。大学生自己要做到努力学习课程知识，掌握创新思维方法。相关研究表明，人类的创新能力来源于创新思维，创新思维又是建立在合理的知识结构之上的。因此，想要培养创新能力，就必须从构建良好的知识结构开始。没有扎实的知识基础，创新就成了无源之水、无本之木。学习获得的知识和经验越丰富、越扎实，我们就越能观察和发现问题，就越能开阔视野，思路越宽广，越易于产生灵感，找出解决问题的办法。因此，要创新就必须打好学习基础。对于基础课程的学习要全面系统；对于专业课程的学习，应理论联系实际，了解行业的发展趋势，勇于发现、思考并解决问题；对于公共选修课程的学习，应发展自己的兴趣，敢于跳出主要的专业学科领域。对于法学专业的基础学科要牢牢掌握，因为任何的创新基础都是在严谨的专业基础上进行的，尤其是法学专业本身的学科特点和专业的严谨性，都要求学好每一门课程，无论是基本的词条还是复杂的解释，还是典型的案例，所有这些实际上都是我们进行创新的源泉和基础。

（三）积极参与科研项目，参加科技竞赛，锻炼创新技能

在当今的教育模式下，大学生日常的学习和实践基本上都是验证性的活动，而选择研究课题并参与相关的科研活动，可以使自己在整个科研活动中去发现问题并采用有效的方法和途径去解决问题。参与科研实践项目，可以培养我们的信息加工能力、动手操作能力、创新技术的运用能力、创新成果的表现能力及物化能力等创新技能，进而提高创新能力。学生会接触到各种各样的创新比赛，这是可以把他们创新的想法进行实现的一个平台，也是创新思维的一个孵化器与推动器。不得不说，大学生大部分创新都发源于此，依托于此。低年级的同学一般会从学校的各类讲座，如“挑战杯宣讲会”，以及比赛通知和老师通知中进行初步的接触，产生兴趣。当付诸行动时，低年级同学中只有很少一部分能独立完

成项目，因为之前大都没有进行过类似的研究。大部分低年级同学需要高年级同学带领完成，如果说老师是他们的明灯，那么高年级同学就是他们的带头人。低年级同学可以参加自己感兴趣的项目团队，在整个项目的发展中，学习如何将创新的想法进行落地、如何团队合作、如何高效地完成自己想法。因此，从认识创新到拥有创新思维和付诸实践，是一个薪火传承的过程，是一个接力棒的传递。这里不是说要复制先前的创新、模仿先前的创新，而是要把创新的思考方式从不成熟变得成熟，从不完善变得完善，从想法变成实际。而当低年级同学升入高年级时，就会接过之前高年级同学手中的接力棒，成为新的带头人，在这时他们要学习的又是新的内容，如何协调团队内合作，如何合理分配任务。在以创新为前提的工作中，不断提升自己的能力，完善自己的个性，把自己成熟的想法变成可行的实际操作，经过合理的分工配合，创造出自己的劳动成果，使自己和团队成员更加地了解创新，把创新思维融入自己的思维中，并习惯于用这种思维去思考学习生活中遇到的问题。学会抓住自己不经意间解决问题的创新的闪光点，进行深入研究。通过这些创新竞赛，学生们能够更加了解自身学科特点，能够将理论与实践相结合，培养知识运用、动手操作的能力。

综上所述，我们应该充分利用学院、学校资源，积极响应国家的号召，在扎实掌握课堂知识的前提下，积极、善始善终地参加各种科研竞赛活动，逐步培养自我的创新能力，争取能够完善地完成创新创业项目，为自己的学习生涯增添绚烂的一笔，也为社会贡献出一份力量。

第三章

互联网和互联网思维

第一节　什么是互联网思维

一、互联网思维概述

互联网（Internet），又称网际网络，或音译因特网、英特网。互联网始于1969年美国的阿帕网，是网络与网络之间所串连成的庞大网络，这些网络以一组通用的协议相连，形成逻辑上的单一巨大国际网络。

“互联网+”是互联网思维的进一步实践成果，推动经济形态不断地发生演变，从而带动社会经济实体的生命力，为改革、创新、发展提供广阔的网络平台。通俗地说，“互联网+”就是“互联网+各个传统行业”，但这并不是简单的两者相加，而是利用信息通信技术及互联网平台，让互联网与传统行业进行深度融合，创造新的发展生态。它代表一种新的社会形态，即充分发挥互联网在社会资源配置中的优化和集成作用，将互联网的创新成果深度融合于经济、社会各域之中，提升全社会的创新力和生产力，形成更广泛的以互联网为基础设施和实现工具的经济发展新形态。

互联网思维是人们立足于互联网去思考和解决问题的思维；它以互联网技术为思维基础，以重视、适应、利用互联网为思维指向，以收集、积累、分析数据，用数据“说话”为思维特点。互联网思维是人类思维的合乎逻辑、合乎规律的发展，服从人类各种思维的共同法则。互联网思维与其他思维并行不悖，它不可能取代经济思维、政治思维、法治思维、道德思维、战略思维等，相反，互联网思维要综合运用这些思维，或者说，要整合这些思维于一身。离开了这些思维，互联网思维就会迷失方向，走向歧途。互联网思维是以互联网技术为标志的新一轮科技革命的产物，具有鲜明的时代性。因此，树立互联网思维，对于贯彻“创新、协调、开放、绿色、共享”发展新理念，对于实施国家一系列战略规划，具有十分重要的意义。

二、为什么要倡导互联网思维

我们之所以需要互联网思维，就在于我们进入了互联网时代。这个时代当然是指科学技术的时代，不是社会革命的时代。关于这个时代的图景，习近平总书记这样描述道：以互联网为代表的信息技术日新月异，引领了社会生产新变革，创造了人类生活新空间，拓展了国家治理新领域，极大提高了人类认识世界、改造世界的能力。互联网让世界变成了“鸡犬之声相闻”的地球村，相隔万里的人们不再“老死不相往来”。可以说，世界因互联网而更多彩，生活因互联网而更丰富。这样的时代，客观上需要我们普遍树立互联网思维。

首先，树立互联网思维是互联网时代工作和生活的需要。互联网突飞猛进的发展和日益广泛的使用，使我们当今的交往生活、工作方式、商业模式、企业形态、文化传播、社会管理、国家治理等都发生了巨大变化。互联网技术对社会生活的影响，正以越来越快的速度扩展着地域，渗透着领域。在这种情况下，没有互联网思维，工作和生活将会变得越来越尴尬，越来越不方便，如机关推行无纸化办公，参观采取网上预约，购物在网上进行，研究项目通过网上招标……所有这些，只有适应，才有可能；如不适应，一切可能都对你关上了大门。毫无疑问，在一定时间内，在一些地方和领域，工作和生活方式的“双轨制”还会存在，不会用互联网，传统的渠道或办法仍可通行，但这种情况不会长久，只是一种过渡措施，传统的渠道和办法总有一天会被废止。在互联网时代，每一个人都要学会适应互联网；如果不适应，自己的工作舞台、生活空间、自身的意义和价值等，只能萎缩，难以拓展。

当然，互联网还在发展和普及过程中，许多地区和人口至今尚不知道互联网是什么。据2017年1月15日世界银行发布的最新研究报告《数字鸿沟》显示，2006—2016年的十年间，互联网用户数量翻了三番，从10亿人达到了32亿人，尽管如此，世界上还有超过一半的人口不知互联网为何物。但我们没有必要用这个事实来否定互联网对于我们今天工作和生活的重要性。1831年，法拉第发明了世界上第一台能产生连续电流的发电机，人类由此进入了电器应用时代，但现今世界上仍然有一些地区和人口没有用上电，我们能据此否定电对于工作和社会的重要性和必要性吗？这些事实只能激发我们加快互联网全覆盖进程的紧迫性和责任感，而这对于政府、企业和科技工作者来说，最需要确立的正是互联网思维。

其次，树立互联网思维是创新发展的需要。我国政府在很早前就提出创新发展的新理念，强调必须把创新摆在国家发展全局的核心位置，让创新贯穿于党和国家一切工作，让创新在全社会蔚然成风。这就要求我们必须把发展的基点放在创新上，激发创新创业活力，推动大众创业、万众创新，释放新需求，创造新供给，推动新技术、新产业、新业态蓬勃发展。

所有这些创新，离开互联网思维是难以实现的。可以断言，在互联网时代，没有互联网思维的发展创新很难称得上是真正的创新；一切发展创新都应当而且必须立足于互联网，充分考虑互联网因素，借助互联网力量，应对互联网的挑战；科技创新、产业创新、业态创新、管理创新，优化劳动力、资本、土地、技术、管理等要素配置是如此，理论创新、制度创新、文化创新等，也要置于互联网时代的大背景下去构思。我国提出的实施网络强国战略，实施“互联网+”行动计划，实施国家大数据战略，本身就是创新，既是各种创新的时代背景、优越条件和活动平台，也需要各种创新去推动和体现。换言之，各种创新都要引入和借助互联网，而这样做的结果，就是在各自的领域实施网络强国战略，实施“互联网+”行动计划，实施国家大数据战略。

再次，树立互联网思维是实现思维方式与时俱进的需要。互联网时代是科技革命的崭新时代，认识这个时代、适应这个时代和驾驭这个时代，需要我们的思想与时俱进。否则，我们就会被时代淘汰。

思想与时俱进，就是思维与时俱进。思想出于思维，思维生产思想。思维，是我们的思考活动，是我们认识世界、分析形势、决定事项、谋划行动、预判未来的思考过程。思维不同，思想就不同；用什么样的思维，就产生什么样的思想。

思维不同，在于思维方式不同。日常思维不同于科学思维、哲学思维；经济思维、政治思维、法治思维、道德思维的关注点和侧重点完全不同；逻辑思维、形象思维、直觉思维的思维路径、思维工具、思维结果很不一样；战略思维、辩证思维、系统思维、创新思维和底线思维都有各自的思维指向和思维目标；定性思维和定量思维的不同，就在于一个重性质，一个重数量……这些都是不同的思维方式。思维方式，就是思维目标、思维习惯、思维方法、思维工具等思维要素综合统一而成的思维模式或认识图式。思维与时俱进，在于思维方式与时俱进。

互联网思维就是一种体现时代特征、符合时代要求的思维方式。随着互联网越来越广泛地深入生产生活的方方面面，越来越广泛地普及到地球的各个角落，互联网已经成为这一轮科技革命的时代标志。相应地，互联网思维成了客观需要的社会思维，不单单是个人的思维；是时代性思维，不是区域性思维。因此，对于生活在这个时代的每一个成员来说，互联网思维就不是一种可有可无的思维，而是必备思维。因此，即使现在我们还没有怎么“互联网+”的思路，但必须要有互联网思维。

第二节 “互联网 +”时代新业态

一、“互联网+”新业态下大学生创新创业的机遇与挑战

“互联网+”是一把双刃剑，有志青年、当代大学生在创新创业过程中全面分析移动互联时代的新机遇、新挑战并找出新出路成为影响创新创业成败的“关键一招”。

（一）“互联网+”新业态下大学生创新创业迎来的机遇

（1）创新创业机会大大增加，IT类专业大学生创新创业的机遇增添。新业态下，新媒体被广泛运用，大学生在浏览网页时就会发现现实生活中出现的需求短缺情况及解决问题的创意想法，大学生由此汲取创新创业的新启发、新机会，如滴滴、饿了么等。

（2）提供更好的发展平台和合作平台。大学生可以通过对社交平台反映的社会需求状况，在利用大数据科学地分析市场环境的前提下，通过一系列的线上线下平台进行迎合社会发展趋势的创新创业。

（3）加速创新创意落地，降低创业门槛。移动互联时代，诸如淘宝、滴滴

出行、美团等手机App已经成为现代人衣食住行必不可少的“互联助手”。新媒体被广泛运用，大学生通过微商、淘宝店等移动终端足不出户就可以锁定商机，并且不需要太高投资，降低了创业门槛。

（二）“互联网+”新业态下大学生创新创业面对的挑战

（1）传统行业的创新创业机会减少，创新创业的科技含量要求增高。由于互联网融入传统行业，并对其进行重新整合，加上电商的快速发展，“互联网+”时代对商业模式和经营理念的要求使得许多传统的创新创业空间受到挤压、萎缩。例如，淘宝、京东等电商的兴起增加了传统零售业的市场竞争压力，使其利润大幅下降。

（2）创业门槛降低，行业竞争愈演愈烈。伴随“互联网+”时代下的创新创业机会不断增加而来的不仅是创意和创新的小微企业迅速增加，还有一大批跟风者和模仿者。

二、顺应“互联网+”趋势，建设新业态下大学生创新创业环境

（一）高校——建立“互联网+”创新创业教育系统

1. 创新“互联网+”课程体系、培养方案

（1）高校应首先转变创新创业教育理念，设置“互联网+”课程体系。加强课程开发建设，将“互联网+”引进课堂，利用大数据创新创业教育课程体系。在网络成为教育重要舞台和载体的大背景下，高校应当依托已有的校园网络平台，结合变化及时充实、更新内容和素材，建立对应的教育网络系统，推动载体创新。可以利用新媒体技术，把传统教育方式、方法和MOOC等现代教学手段结合起来，搭建与现实对接更紧密的课程体系。

（2）构建“互联网+”人才培养方案，创新人才培养模式。在设置培养方案时，不仅要重视学生对专业课的掌握程度，更要将提高学生的综合素质和培养创新能力作为促进学生全面发展的目标，在做好专业教育的同时推动创新创业教育的发展。

2．利用“互联网+”创新创业大赛，以赛代练、以赛促成

近年来，教育部及各省级教育厅联合多部门和企业已举办很多大学生创新创业大赛，为高校深化创新创业教育改革提供了新载体。高校应鼓励在校大学生参加各类创新创业大赛，通过“互联网+”创新创业大赛将学生的创意和想法付诸实践，并在比赛过程中不断创新原有的创意模式，形成一个以团队成员的“头脑风暴”+指导老师的“指导意见”+参赛评委的“改进建议”的“三议”创意升级机制。同时，高校还应对重点项目实行重点培养，努力让经历过大赛洗礼过的“种子项目”落地存活，迈出由赛场走向市场的“关键一步”；搭建平台，让参赛团队和企业及相关投资机构对接，让精英团队的研究成果转换为现实效益，让知识和产业对接。

3．打造“互联网+”创新创业中介平台、服务平台

（1）高校应积极分析移动互联网时代创新创业教育的新机遇、新问题，努力寻找与搭建推进大学生创新创业落地的新途径、新出路、新平台，通过向示范学校，如清华大学打造“兴趣团队、创客空间和X-Lab”的三创平台，学习借鉴并形成具有本校特色的创新创业中介平台、服务平台。

（2）高校应利用政府政策和相关资金的支持建立新型创新创业孵化平台和“专业化众创空间”，简化在校学生创新创业登记手续，鼓励学生创新创业团队入驻孵化平台，并给予入驻项目一定的资金和技术支持。通过网上“创客联盟”、网下“众创空间”等平台将学生的创新创意汇聚起来，为创意者、创新者及投资人搭建起信息对称、项目对接、资本对接的创新型创业孵化综合服务平台，努力把各种创新创意孵化为创业实体。

（二）政府——“更多、更深、更广”的“全方位”支持和鼓励

（1）加大政策扶持力度，政策制定详细化、具体化。各级政府应鼓励和支持大学生借助互联网创业，出台支持大学生互联网创业的具体政策，为大学生互联网创业提供创业资金、互联网技术和税收上的支持和优惠。建立“双创示范基地”，更大范围、更高层次、更深程度上推进大众创业、万众创新。

（2）扩大资金扶持范围，提高资金投入总量，拓宽融资渠道。首先，对于创新创业的大学生来说，缺乏资金是其创新创业的最大瓶颈，大学生创新创业的

资金扶持力度还需进一步提高，地方政府应专门针对大学生创业设立自主创业储备基金，扶持范围应面向更多的创新创业项目；其次，为吸引社会风投，政府应充分发挥“种子资金”的带动效应，由政府出少量资金，带动社会和民间投资；此外，政府应积极建立针对大学生创新创业的众筹融资平台，为学生团队、投资方、消费者之间搭建一个信息、资本的网上交流平台。

（3）强化政策执行力度，加快建成创新创业生态圈。顺应新技术正在掀起的创新领域浪潮，各省创新创业发展需打通线上线下产业协同合作模式，建成集“创新创业教育—创新创业实训—创新创业指导—创新创业孵化—创新创业融资”于一体的完整创新创业生态圈。

（三）企业——积极搭建“互联网+”校企合作平台

（1）实践是创新创业教育的核心。坚持把“走出去”和“请进来”相结合，在邀请成功的企业家来学校担任学生创新创业团队的企业导师的同时，让学生走出校门、走进企业，真正体会企业的商业模式是如何运作的，以此为学生创新创业积累实践经验，积攒社会力量。此外，校企合作、联合办学不仅能为大学生创新创业提供实践平台，也能让学生团队获得企业的资金支持。在移动互联时代建立校企合作平台，大学生可以从网络平台及时获取企业的技术和市场资源的支撑，实现校企间的资源优化配置，推动创新创业教育在深度、广度、内涵和外延上的拓展。

（2）科技创业企业充分发挥网上“创客联盟”和网下“众创空间”平台的优势，集中开展技术难题攻关和创新创意研发，这样不仅降低企业科研成本，而且有利于营造“万众创新”的社会氛围。

第三节　“互联网 +”营销传播

随着以云计算、大数据、人工智能为特征的互联网技术的日益成熟，创意传播与营销的内涵、特征和方式也发生了深刻的改变。如何在“互联网+”时代应用新媒体技术进行创意传播与营销的同时，深刻理解创意传播与营销的本质和核心内涵，掌握在“互联网+”时代开展创意传播与营销的主要方式和需要注意的问题，是目前着重解决的问题。

一、“互联网+”时代创意传播与营销的特征

创意传播需要具备三种优秀特质：第一，创造性。这里的创造性包含很多意思，如不墨守成规、标新立异、不僵化、触发感悟、敢为天下先、吸引人的眼球等。第二，简单明了。简单明了就是单纯而且明确。创意传播需要注意诉求单一、简洁，最本质的东西都是简约的，简约可以创造无穷的想象。第三，人性化。就是在传播过程中体现生活化、平常心和亲和力，让人性自然流露，给消费者以归属感、亲切感，并坚持尊重常理且生动有趣，重视体验细节。

在“互联网+”时代，传媒创意传播与营销呈现出新的特点，如数字化、移动化和社区性等。以大数据、云计算、虚拟现实和人工智能技术为特征的新媒体技术，改变着消费者接收信息的方式和体验。随着智能手机、可穿戴设备应用的普及，创意传播营销的社区性越来越强。互联网如同放大镜，可以将各种创意的文字内容、图片、视频在最短的时间内通过互动的方式分发和传播，“一夜爆红”“知识付费”从概念成为现实。以往，创意传播的内容需要长时间打造，也需要较长时间来检验效果——更多的是依靠数据样本和行业判断，而无法获得千千万万消费者的真实需求。在某种程度上，快速完成创意构想，形成产品，快速尝试传播进行试错，能使营销创意传播得到数据的检验，并通过收集消费者数据，为下一次的创意传播获得更多的启示和经验。在这里，创意传播不仅是一种

观念和思想方式，还可以成为一个互联网产品，我们可以采用管理产品的方式完成对创意传播数据库的建立和模型设计，从而获得更好的传播效果，具体来讲有以下三个方面：

（1）基于产品核心价值的开发和拓展是创意传播与营销的基础。满足消费者需求的功能是产品市场前景的最基本保障，但这些需求在产品同质化比较严重的市场环境中不足以让消费者产生对产品品牌的高度忠诚和较强的价值认同。只有基于价值驱动的理念，重视消费者需求的满足，建立以产品核心价值为中心的客户关系，才能为品牌和企业形象带来长久的生命力，才能得到消费者的价值认同，才能在产品基本功能的基础上，创造更多的附加价值，为消费者带来更多的惊喜。

（2）以移动互联网技术为代表的新媒体技术扩大了产品创意传播与营销的机会。消费者可以从创意传播与营销初期就参与到整个活动中来，一方面为整个创意传播和营销过程建言献策，另一方面通过分享和传播增强创意和营销的效果。同时，这种创意传播与营销的即时性进一步提升了消费者体验，方便了企业与消费者的零距离沟通，从而使创意传播与营销成为一种社会性的传播行为。

（3）互动性是决定创意传播与营销成败的关键。创意传播营销需要达到产品深化或者品牌推广的效果。区别于传统媒体强行、单向的传播创意的方式，“互联网+”时代下的创意传播与营销更倾向于与消费者的互动。在创意传播与营销策划、管理的整个流程中都能看到消费者的影子，听到消费者的声音。与消费者的实时互动能检验和调整创意传播和营销的效果和策略，消费者也会进一步激发创意传播和营销的新思路。而要产生这种良性的互动，就要在洞悉消费者需求和心理的基础上引导消费者对产品的价值产生认同，让产品的品牌得到信任。因此，要整合消费者自创的内容，将消费者拉入创意传播和营销的过程中来，使其能够互动和分享消费体验，增强消费者与品牌、产品之间的联系。

当然，在“互联网+”时代，创意传播营销除了需要具备以上三个特征要素之外，还需要具备及时性等特点，主要体现在根据热点事件快速传播营销品牌的理念。另外，借势营销也能起到创意传播的良好效果。

二、创意传播与营销主要策略实施

（一）自夸式营销与创造需求

1．夸张、变形与戏仿

如同表演一样，在小孩和动物出现在镜头前的时候，他们自然流露的表情很快会成为人群关注的焦点。如果一个产品形象通过变形和夸张将自己的特点展示出来，就会给人群留下深刻印象；而通过无厘头搞笑的方式戏仿经典得到影像片段，也很容易在新媒体端获得年轻人群的关注，并在互联网社区内广为传播，并引发互动。例如，“李雷”和“韩梅梅”这两个初中英语课本上的人物，经过漫画夸张的重新演绎，结合“80后”自身的经历续写成连续的故事，引发了人群对于少年时代的回忆。

2．转变竞争对手，突出自身优势

既然在同一个卖点的自夸大战中很难脱颖而出，自然就有人尝试其他方式——换个角度夸，大家都夸iPhone手机，OPPO则突出自己品牌的优势——“充电5分钟，通话2小时”，因此获得了绝大多数热爱智能手机粉丝的欢迎。同时，OPPO主打的第二个亮点在于“拍照手机”，这样就避开了与iPhone的正面竞争，相反突出了自己与传统相机相比而言的优势。通过这两个策略，在竞争激烈的智能手机市场上，OPPO获得了与iPhone不同的粉丝人群，成为时尚、年轻女性、出差族人群最喜欢的品牌。

3．从引发兴趣到创造需求

只要同质化仍然存在，产品定位就是成败的关键，但是传播的重点不在于产品整体，不是只表达出自家产品或服务的所有功能，而是要在你自己的产品特色上引发消费者的关注，说服消费者，这才是未来的趋势和潮流。出版的核心优势在于提供优质的内容，但内容的种类繁多，一部作品的内涵也非常广泛，传播的重点在于作品中的部分观点和场景，是大众心理中潜在的向往；部分思想和人物，是大众精神升华后希望达到的高度。而作为内容产品的传播，正是要创造这种对于真善美的追求。

（二）意向经济与逆向营销

“互联网+”时代下，作者与读者的互动成为常态。作为内容产品的出版行业，读者的互动留言、评论不仅是下一步创作的重要参照，也可以成为产品营销和传播的重要内容。所谓逆向营销，是指消费者自己自行设计广告并传播，在内容产品中，读者如果自行续写作品的续集、另一个结尾，以及对人物命运和情节安排的另一种设想，就是一种意向经济。从读者、消费者端展开，通过传播形成内容产品的设计原型，往往能帮助作者进行人物塑造和情节安排，这种启发和互动，比以往的编辑和作者的互动范围更广，效果更佳。

（三）感性说服与理性说服

一般来说，说服策略有两种，一种是与对方选择你的理由有关的说服，称为“感性说服”；另一种是与对方选择你的理由无关的说服，称为“理性说服”。感性说服本质上相当于给读者“撒糖”，让他们对你产生好感，即使原本没有购买动机，也愿意在兴奋中完成消费。例如，影视小说作品的预告和片段试读，目的是引起读者的兴趣，从而使其一步步进入阅读和消费的环节。理性说服则是通过作品自身的价值和功用，读者未必喜欢，但出于挣钱、要面子等理由，也会选择购买。例如，考证类图书关乎以后的职业前途，经典类图书放在家中能起到装饰的作用等，都是需要用理性的方式来说服读者的。

（四）加强大数据分析评估效果，持续改进

只有加强内容营销的效果评估，才能准确评价创意传播营销是否达到了要求。特别是现在不少人通过微信做内容营销，评价数据相对容易获得，如平均图文阅读人数（即某段时间内微信公众平台推送内容被多少微信ID阅读的平均数）、平均分享转发人数（即某段时间微信公众平台上推送的内容被多少微信ID分享转发的平均数）等。今天的图书营销，必须在策划阶段就开始考量，因为小到编辑个人、出版社，大到行业、市场都已经有大量的基础数据和数据库，对于一个选题该不该做、如何做、定价多少、销售如何，都要做好大数据分析，使用ERP系统数据、公众号或App用户数据、开卷数据、电商行情，以及线上线下的专家系统精确指导策划出版工作。

第四节　“互联网+”未来趋势

从现状来看，“互联网+”处于初级阶段，是一个都在热谈但是没有落实的理论阶段。各领域针对“互联网+”都会做一定的论证与探索，但是大部分商家仍旧会处于观望的阶段。从探索与实践的层面上，互联网商家会比传统企业主动，毕竟这些商家从诞生开始就不断用“互联网+”去改变更多的行业，他们有足够的经验可循，可以复制改造经验的模式去探索另外的区域，继而不断地融合更多的领域，持续扩大自己的生态。

“互联网+”真正难以改造的是那些非常传统的行业，但是这不意味着传统企业不做互联网化的尝试。很多传统企业都在过去几年就开始尝试营销的互联网化，多是借助B2B、B2C等电商平台来实现网络渠道的扩建。更多的线下企业还停留在信息推广与宣传的阶段，甚至不会、不敢或者不能尝试网络交易方面的营销，因为他们找不到合适的方案来解决线下渠道与线上渠道的冲突问题。

与传统企业相反的是，在当前“全民创业”时代的常态下，与互联网相结合的项目越来越多，这些项目从诞生开始就是“互联网+”的形态，因此它们不需要再像传统企业一样转型与升级。“互联网+”正是要促进更多的互联网创业项目的诞生，从而无须再耗费人力、物力及财力去研究与实施行业转型。可以说，每一个社会及商业阶段都有一个常态及发展趋势，“互联网+”提出之前的常态是千万企业需要转型升级的大背景，后面的发展趋势则是大量“互联网+”模式的爆发及传统企业的“破与立”。

本节尝试结合互联网线上线下的常态，做一个“互联网+”发展趋势的预测，希望对正在关注“互联网+”的朋友有所启发。

趋势一：政府推动“互联网+”落实。

“互联网+”是全国性的，就如“三个代表”一样，各地政府都会提出建设主方案，然后招标或者外包给能够帮助企业做转型的服务型企业去具体执行。

在今后长期的“互联网+”实施过程中，政府扮演的将是一个引领者与推动者的角色。

（1）发现那些符合政策并且做得好的企业并立为标杆，起到模范带头作用。

（2）挖掘那些有潜力的企业，在将来能够发展成为“互联网+”型企业，算是案例。

（3）结合各地实际情况，建立更新更接地气的“互联网+”产业园及孵化器，融合当地资源打造一批具备互联网思维的企业。

（4）引进“互联网+”技术，包括定期邀请相关人员为当地企业培训互联网常识，以及对在职员工的再培训等。

（5）资源对接，与各大互联网企业建立长期的资讯、帮扶、人才交流等关系，在交流中让互联网企业与传统企业相互交流，便于进一步合作。

趋势二：“互联网+”服务商崛起。

接下来会出现一大批在政府与企业之间的第三方服务企业，这些企业可能会以互联网企业为主，但不排除部分传统企业也会逆袭成为“互联网+”服务商。其实从服务角度来看，传统企业转型为“互联网+”服务商也是一种转型。这是一种类似于中介的角色，他们本身不会从事“互联网+”传统企业的生产、制造及运营工作，但是他们会帮助线上及线下双方的协作，更多的是做双方的对接工作，盈利方式则是双方对接成功后的服务费用及各种增值服务费用。

这些增值服务可能会是培训、招聘、资源寻找、方案设计、设备引进、车间改造等。初期的“互联网+”服务商是单体经营，后期则会发展成为复合体，不排除后期会发展成为纯互联网模式的平台型企业。第三方服务涉及的领域有大数据、云系统、电商平台、O2O服务商、CRM等软件服务商、智能设备商、机器人、3D打印等。

趋势三：“互联网+”职业培训兴起。

政府及企业也需要更多懂“互联网+”的人才，关于“互联网+”的培训及特训的职业线上线下教育会爆发。在线教育领域中，职业教育一直是很火的教育类型，同时市场份额也占的比较大，每年都会有很大的进步空间。在“互联网+”这一轮热潮中，针对“互联网+”职业教育会兴起，可以具体细分到每个工作岗位的具体工作。其实这些培训还是互联网企业的职位，传统企业想改变企业架构，需要配备更多的专业技能职工。“互联网+”职业培训面向两个群体，一是对传统企业在职员工的培训，二是对想从事该行业的人员的培训。

趋势四：加速传统企业的并购与收购。

互联网企业投资持股传统企业已经屡见不鲜，事实上传统企业投资或者收购互联网企业的案例也不在少数。在以往的传统企业转型研究中，笔者认为入股与并购是传统企业互联网化最简单快捷的方式。这比传统企业高薪挖电商运营团队或者引入高科技人才更直接有效，引进团队和人才还需要很长的时间与企业原有结构及运营模式磨合，也不是所有企业都适合直接转变运维模式的。直接收购互联网企业，企业的全部业务打包性地与传统企业对接，相当于互联网业务外包但又是内部的公司，双方的业务及职工又不受冲突，可谓一举多得。

不要看互联网企业价值多少亿美元，市值500亿美元以上的互联网公司也就那么多，线下的资本要比线上多很多。大量的民间资本长期累积，过去这些资本都投银行、能源等传统行业，近几年来随着实体行业的萧条与不景气，这些手握大量资本的企业开始着眼互联网，很多专注互联网投资的基金都有传统企业的身影。线下资本投入线上，有利于民间资本的优化及再分配，“钱生钱”的投资模式如今已经走向病态，以P2P等巧立名目的民间非法集资还在与日俱增，如果这部分钱能够转投创业项目，将会更好地促进社会的整体转型。

趋势五：促进部分互联网企业快速落地。

“互联网+”虽然更多的是互联网与传统企业的融合，其实很多互联网企业也在寻求切入传统市场，这些企业也需要转型。最鲜明的例子是当前数以万计的手机应用，这些APP肢解了PC互联网的市场，短时间内积累了超过千万甚至上亿的用户，但是缺乏更好的商业模式，简单地说就是找不到挣钱的途径。可能用户很多，活跃度也很高，但就是无法直接变现，或者用户的消费能力太差。基本上每一个APP都是某个行业或者其细分领域的代表，当线上无法解决盈利问题时，这些商家都有落地线下的趋势。墨迹天气也开始做与硬件商家合作的空气检测及空气净化硬件。例如，唱吧在尝试自己做KTV及与线下KTV合作，墨迹天气开始做硬件商家合作空气检测及空气净化的硬件。

如果说过去是互联网企业主动找传统企业，谈及的条件等方面会非常被动，“互联网+”则会让传统企业主动找互联网企业。“互联网+”政策能够促成过去这些商家做不到或者不敢想的事情，这也算是将来的一个趋势。

趋势六：创业生态及孵化器深耕“互联网+”。

目前，全国的孵化器已经超过1200个，2018年会是孵化器的整合元年。同时，孵化器在接下来的发展中，将主推“互联网+”，传统企业融合“互联网+”的新模式企业将会与高新产业一样受到孵化器的重视。“互联网+”被作为政策推出来的另一个原因，是因为当前是全面创业时代，大部分创业项目或多或少都与移动互联网相关。智能硬件、在线教育、O2O等领域创业项目的火热，间接推动了新材料、传感器、集成电路、软件服务等行业的兴起，这些领域同样也出现了足够多的创业项目。当前，围绕互联网的创业项目已经形成了一个生态，创业项目的关联性是一条脉络，这条脉络可以梳理与整合某些行业的全产业链；物联网是另一条脉络，这条线把智能硬件、可穿戴、生物医疗等领域连接起来。整个创业生态都是围绕移动互联网的，政府牵头推出“互联网+”政策，正是为了推动更多的互联网创业项目的产生。在政策的激励下，会有更多的互联网创业项目出现，传统的创业项目也就越来越好，以此来解决行业的升级。所以，接下来各地的孵化器将会主推“互联网+”项目。

第四章

大学生创业研究

第一节　创业教育的本土化研究

一、创业教育在我国的本土化探索

（一）国外创业教育的先期发展是本土化的基础

美国是世界上最早开展创业教育的国家。20世纪80年代在美国教育部的发起下，创业学成为美国商学院和工程学院中发展最快的学科领域。2015年大约有1300所学院及大学开设了这一领域的课程，其中许多学院和大学还开设了创业学或创业研究专业。1993年美国奥斯汀德州大学举办了世界首届大学“创业竞赛”（他们又称为“商业计划竞赛”或“创业计划竞赛”），接着，包括麻省理工学院、斯坦福大学等世界一流大学在内的许多大学，每年都举办这一类竞赛，并逐渐涉及世界其他国家的大学。由创业计划直接孵化出来的企业中，有的短短几年即成为年营业额数十亿美元的大公司。美国从小学、初中、高中、大学乃至研究生，都普遍开设了就业与创业教育课程。面对创业者日益年轻化的浪潮，美国从2000年1月开始实施“金融扫盲年计划”，向中学生普及金融、投资、理财、营销、商务等方面的“超前教育”，积极培养“未来的经理人”。美国设立了国家创业教育基金。创业教育也取得了部分社会支持，一些团体和企业均对创业教育和活动进行资助。

德国提出高等学校要成为“创业者的熔炉”的口号。日本在课程设置上把创业教育放进了必修课的位置。日本政府还制定了《青年自立挑战计划》的政策性文件，促进青年就业和创业。澳大利亚政府积极实行课程结构改革和调整，开发有关创业的综合类、工业类、商业类、远程教育的教材，并重视教学思想、教学目的、课程结构、课内的教育体系建设，在教学方法、评估考核等方面体现出自己的特色。肯尼亚政府教育主管部门开发了创业教育课程大纲，明确规定了创业教育的内容，如创业机遇、创业意识、创业动机、创业能力、创业经营管理等。肯尼亚培训与技能开发部规定：凡有条件的学校都要设立创业教育研究室、小企业中心。亚太地区不论是经济发达国家还是发展中国家，都非常重视与发展小企业创业教育，如文莱、印度尼西亚、斐济等国都在兴办小企业创业机构。韩国的大学里流传着“大学是预备企业，大学生是预备企业家”的观念，创业成为大学生的热潮。韩国政府已放弃了开发区优先的模式，转为支持大学生创业，将高素质人才和风险资金、风险企业紧密地结合起来。

联合国教科文组织早在1989年的“面向21世纪教育国际研讨会”上就论述21世纪的教育哲学问题，提出了一个全新的概念“Enterprise Education”（事业心和开拓技能教育），我们称之为“创业教育”，又称“第三本教育护照”。也就是说，面向21世纪的人除具有文化知识证书、职业技能证书外，还需要获得“第三本学习证书”，即创业教育证书。由此，学术能力、职业技术能力和创业能力成为一个有机的整体，并得到普遍重视。联合国教科文组织指出，“创业教育，从广义上来说是指培养具有开创性的个人，它对拿薪水的人同样重要，因为用人机构或个人除了要求受雇者在事业上有所成就外，正在越来越重视受雇者的首创、冒险精神，创业和独立工作能力及技术、社交、管理技能”。

国外的创业教育经验是我们进行创业教育本土化的基础，联合国教科文组织的倡导为我们进行创业教育本土化提供了强大的动力。

（二）创业教育在中国本土化的意义和作用

1．推进区域经济的发展，增加社会财富

美国的创业教育及创业精神的倡导对美国经济的快速发展起到了不可估量的作用。一些学者认为美国在过去30年出现了创业革命，甚至认为创业精神和创业过程是美国的秘密经济武器。美国经济由于创业革命而发生了巨大的转变，创业者们和创新者已经彻底改变了美国和世界的经济，创业者们正在创造出前所未有的巨大价值，当今美国财富中超过95%是在1980年后创造出来的。

创业是经济增长的重要动力和经济发展的“寒暑表”，新创办企业的数量是一个国家用于衡量经济是否处于成长期的一个重要指标。有关研究也证明：创业与经济增长之间存在促进关系。创业活跃的地区也是经济增长快的地区。中国目前的创业活动与GDP增长速度并不匹配，创业活跃程度低于经济增长的要求。

为了继续推动经济高速增长，中国需要进一步推动创业活动的开展。

2. 促进科技成果的转化，调整产业结构

加强知识创新和技术创新，是我国经济发展的深层次的问题。一方面我国科技成果的转化率低。据国家科技部提供的资料表明，目前全国5100多家科研院所，每年完成的科研成果近3万项，其中能够转化并批量生产的仅有20%左右，形成产业规模的仅5%。许多科研机构的成果因无人购买而派不上用场，使经费缺乏的矛盾更加突出，形成恶性循环。另一方面，我国的许多企业技术落后，效益低下，没有竞争力，甚至面临关门倒闭的危机，却得不到能起死回生的技术成果。造成这种局面的原因很多，其中缺乏创业意识、创业技能是主要制约因素之一。

3. 缓解就业问题，实现社会稳定

鼓励创业，以创业促进就业已成为世界的共识。据有关资料表明，在美国现有私营小企业仅2200万个，雇佣了全美53%的劳动力。英国在2700万工作人口中有340万受雇于小企业，工业、商业雇员有一半以上在小企业工作。意大利90%的工业企业属于小型企业，吸收了总就业人口的84%。丹麦92%的制造厂是小企业，雇佣了43%的劳动力。在澳大利亚，创办个体小企业是国民谋职的首选。新加坡人在亚洲金融风暴引发的经济危机中看到，扶持和促进本地区企业特别是中小企业是应变之策。据劳动部门预测：今后10年，我国每年将新增加劳动力1000万，1.2亿左右的农村劳动力要向城市转移；在国有企业事业单位，还存在着2000多万隐性失业者，此外每年还有数百万下岗职工。劳动力供大于求的矛盾将长期存在。教育部公布的数字也表明，全国高校毕业生近几年将有85~95万找不到工作。我国目前高等教育中积极实施创业教育，鼓励学生自我雇佣，不仅能缓解目前面临的困难，也有助于创造就业岗位，有效地缓解劳动力供需不均的矛盾，确保社会稳定。

4. 完善国民素质，推动教育改革

开展创业教育还在于大学生直接面临着一些问题。自古以来的分配型、就业型教育消解了创业意识。大学生普遍习惯于被动就业，缺乏冒险精神和风险意识。因此，实施创业教育能够在一定程度上转变大学生对未来谋生存求事业的观念。创业教育以提高学生自我生存能力为目的，尤其注重培养学生“白手起家”

创办小企业的精神和能力，力求使更多的谋职者变成职业岗位的创造者。与传统的就业教育相比，它不是直接帮助学生去寻找工作岗位，而是重在教给学生寻找或创造工作岗位的方法。目前，我国新增劳动年龄人口正在进入高峰期，大学生能否顺利就业，服务社会，将是对学校办学方向、办学思想、办学质量的全面检验。

实施创业教育，实际是人才观的转变和教育观的革命。在今后10~20年的时间里，教育作为国家人力资源开发的重要部门，如果能够通过深化教育教学改革，有效提高国民的创业意识与能力，积极参与社会变革，主动开创事业，自觉迎接未来生存挑战，就必将更有利于完成历史重任。

（三）创业教育在中国的本土化探索

2002年创业教育正式在我国启动。教育部将清华大学、中国人民大学、北京航空航天大学、武汉大学、上海交通大学、西安交通大学、黑龙江大学、南京经济学院、西北工业大学九所院校确定为开展创业的试点院校。教育部当年还举办了首届创业教育骨干教师培训班，近两百名高校教师参加了培训。培养有创业精神和创业能力的人才已经被提到国家教育改革的议事日程上来。此后，创业教育在全国各大城市和区域的高等院校蔓延开来，渐成趋势。

1. 将创业教育与所在院校的人才培养模式结合起来

创业教育培养大学生的创新创业能力，需要围绕人才培养模式的优化来进行。坚持高等教育的国际化和本土化相结合，用国际化视野为学生构造一个既符合国际化规则又体现本土特色的课程体系，大力加强大学生企业家精神、创业素质和能力的训练，努力进行课程内容和方法的改革。

创业教育的开展，培养了大学生的创业意识，普及了创业知识，拓展了大学生的素质和能力。高等学校在积极开展创业教育过程中，实际上是将中国教育注重知识，学生勤奋、踏实、谦虚，与美国教育注重智力开发、综合能力培养，学生兴趣广、视野宽、胆子大、敢冒险结合，把中国教育强调知识的严密、完整、系统，与美国教育注重掌握知识的内在精神和发展方向结合，把中国教育强调学生基础知识扎实，与美国教育强调学生自立、开拓结合的过程，使创业教育本土化的过程成为学生发挥个性、发展潜能、完善人格、提升境界的过程，形成促进学生全面发展、提高素质的教育质量观念。

2. 将创业教育与本土的人力资源开发结合起来

开展培养大学生创业能力的创业教育是经济社会发展的需要，是人力资源能力建设的重要任务，是实现小康社会不可缺少的重要工作。综合国力和国际竞争力的全面提升，归根结底取决于人力资源的开发，取决于国民素质和科学水平的提高。只有人力资源得到有效全面的开发，才能为建设小康社会提供强大的人才和智力支持，才能保障全面建设小康社会目标的顺利实现。正因为如此，开发人力资源，加强人力资源能力建设，已成为关系各省区发展的重大问题。江泽民同志告诫我们，“人力资源并不是有了一定数量的人口就能自动生成，而是需要去开发建设”。人力资源的开发，一方面要依靠大力发展教育，提高人力资源的存量；另一方面要开展人力资源能力建设，提高国民素质。因此，开发人力资源，重要的任务是加强人力资源能力建设，必须实现从学历本位向能力本位的战略转变，即必须注重人的学习能力、就业能力、工作转换能力和创业能力的培养和建设。创业能力的培养关系到人民群众生存和发展的大问题，为扩大就业，减少失业，稳定社会，实现人民富裕的社会目标，必须切实抓好创业教育，使教育更迅速、更好地适应经济社会发展的需要，使大学生主动地适应社会发展需要，自谋职业出路，创办小企业，促进经济繁荣、社会稳定。

培养具有创业意识、创业精神和创业能力的人才，有利于培养具有国际竞争力和适应国际化发展的新型人才。培养学习者创业意识和创业能力的创业教育，已成为区域人力资源开发的必然选择。

3. 将创业教育与对本土社会的服务结合起来

高校创业教育资源与政府主管部门工作结合起来，可以最大地发挥教育的效益，充分体现高校的社会服务职能，增强高校对社会的影响力，使高校真正成为社会经济发展的“发动机”。

（四）推进创业教育在中国区域本土化的思考

1. 创业是高等教育的一次变革

实施创业教育是高等院校社会服务职能的进一步体现，也是高等教育的一次变革。创业教育是为适应社会经济发展对人才的需求而开展的，也是为了解决社会经济发展中的一系列问题应运而生的。创业教育的开展进一步密切了高校与社会的联系，是高校服务社会职能的又一体现；不仅对大学生就业观念的改变有重大的影响，使大学生变被动就业为主动掌握自己生存发展和实现自我价值，更是教育观念和人才观念的转变，它需要建立新的教育体系方法和新的人才培养模式，对大学教育有深刻的影响。

创业型人才的培养需要解放思想，打破陈规，实现管理和教育机制上的灵活和创新，如在招生方式、专业和课程安排与设置、教学模式和方法上要勇于探索和尝试。创业教育本土化的过程要求我省高等学校进行教学改革。创业教育重在应用，是理论与实践紧密结合的教育活动，要课堂内与课堂外结合、专业教师的教学和创业实践者的指导相结合，还要探讨如何帮助大学生在读书期间进行创业，建立投融资和孵化机制；建立满足不同专业、不同层次、不同要求、不同时限的创业教育的教学实践体系，有很多新问题需要探索和解决，这就提出了改革高等教育的任务。

2．把创业人才培养列为区域经济发展的重要战略

创业活动和效率是一个地区经济活力的源泉，创业活动对经济增长的作用是长期的和潜在的，是一个地区经济可持续发展的重要因素。对于经济欠发达地区而言，培养各类创业人才推动经济发展尤其重要。要把创业人才的培养列为区域人才强省的重要战略，把创业作为经济可持续发展的战略，写进有关文件。实施人才强省战略，要高度重视创业人力资源的开发对地区经济发展的重要意义，努力形成经济的持续增长和后发优势。要将人力资源的开发与教育结合起来，使教育为各省市经济建设提供智力和人才支持，实现科教兴省，人才强省。通过教育和培养，改变过去创业者全靠经验或凭空摸索的现象，培养有创业意识和创业能力而又理性、懂得把握市场机会且有创业能力的人才，推动我国各省市经济的发展。

3．创业要有人才和制度做保障

创业是一项工程，它涉及教学、科研、学科、咨询、项目、培训、投资、法律、政策、孵化等，因此，创业教育的实施需要各方面的努力工作、大力支持与积极配合。第一，要有一群执着地将创业教育作为事业来追求的素质高、综合能力强的人才，他们能以创业精神去开创创业教育事业，能将各方面创业教育资源利用运作得非常充分，能有意识地去推广创业教育事业，以自己艰苦的工作去影响他人，使创业教育事业得到有力的支撑；第二，要有高校领导的重视，否则

创业教育就不可能进入学校的人才培养教育体系；第三，要有政府及有关部门在政策、金融、孵化、舆论宣传等方面的支持，使创业教育不局限在教学活动上，而在实践上得到具体推动，不局限于一校一地，而成为全社会的运动，不局限于“王婆卖瓜”，而成为政府和全社会倡导和推动的一项事业。创业目前已成为国家鼓励支持的项目，国家对创业有资金和政策的扶持，作为创业教育这种不以赢利为目的的新兴事业，更应该得到政府和有关部门的关心和扶持。要有一定的资金投入，为创业教育划拨一定的经费，使其正常而可持续发展，为做好创业教育创造必要条件，也可调动创业教育工作者的积极性。总之，要有优秀人才、良好的制度和环境作为保障。

4. 讲究创业教育和创业策略

创业教育可以分阶段进行和推广。先做好公立和社会力量办的高等院校大学生的创业教育。在条件成熟时，可逐渐推广到各类中等和职业学校。

建立高等学校学生创业的统筹协调机制，从宏观上形成政府一条龙管理和服务体系，即教育厅—劳动与社会保障厅—中小企业局，从学生的在校创业教育，到创业前的培训、指导、政策扶持与孵化，再到创业后的调控引导，一环扣一环。同时，制作面向大学生的《创业指南》，为他们创业指路引航。

要建立针对不同社会对象的创业培训体系。在城市，要重点做好下岗待业人员和高等、职业学校学生及毕业生的创业教育工作。在农业地区，还要把对农民的创业培训作为人力资源开发的一项重要而紧迫的任务，为改造传统农业、为农民致富实现小康提供智力支持。

要将招商引资与自主创业结合起来，一方面积极引进外地人士到本地创业；另一方面鼓励本地人士创业，并且使本地人士创业享受招商引资创业的同等优惠政策。

要培育和建立创业所需的市场。为适应各类社会人员创业多方面的需求，要建立创业教育培训市场，使之有系统教育、课程教育、短期培训；有不同层次的学历教育，也有成人教育；有脱产教育，也有在职教育。建立创业项目市场，使之有高科技高投入项目，也有小商品低投入项目；有股份有限公司管理的项目，也有适合个体经营的项目；有物力财力为主的项目，也有智力项目等。建立创业资金市场，使之有政府、银行、公司、个人为主体的多元化的资金来源，有基金、贷款、债务、优惠政策等不同形式的投资。创业者们可以在市场上自由选择、购买、利用。

二、对地方高校培养创业型人才的认识

（一）如何理解创业型人才

要理解“创业型人才”，关键要认识“创业”的含义。“创业”有广义和狭义之分，狭义上理解的“创业”专指人们在经济领域创建一个新企业的过程，包括寻找创业机会、分析市场、融资、组建团队、进行注册、确定营销模式、进行企业的成长管理等；而广义上理解的“创业”，是指创业者开创新事业的所有活动和过程，包括创建新企业、企业内创业，营利组织的创业和非营利组织的创业，大型事业、小规模事业、家业、政府的开创性工作等。在各行各业中创立事业的过程都可指“创业”。在古代，人们对创业的理解也是从广义上来理解的，是指创立事业，创立基业，《孟子·梁惠王下》云：“君子创业垂统，为可继也。”诸葛亮《出师表》中云：“先帝创业未半，而中道崩殂。”创业，在这里泛指创立基业，开创新事业。“创”，篆文从刀，仓声，意即拿刀来砍东西，在物体上砍出伤口即为创，于是“创”就有了创造、首创、开始、开拓、前所未有之意。“仓”为囤粮之地，加上立刀意即拿刀割下成熟的谷子，而后储藏起来，于是，创又有了收获、积累、储藏之意。“业”，从事的学业、事业、职业、行业、就业、产业、创业、工作等。“创业”是“创”字当头“业”为基础，是“创”这一行为的结果。这就意味着任何一项事业都是一个由无到有、由小到大、由简到繁、由旧到新的创造过程。因此，创业是一种创新性活动，它的本质是独立地开创并经营一种事业，使该事业得以稳健发展、快速成长的思维和行为的活动。

创业是指在各行各业的个人或团队为了开辟事业、创造价值，敢于承担风险的开拓性活动。笔者认为这样更具有普遍性，也更符合高校要倡导的创业教育的本意。从这个定义我们可以看出创业有几层含义：一是创业可以在各行各业进行；二是创业要创立事业，要有强烈的事业心；三是创业要创造新的价值，是一种创新活动；四是创业要敢于承担各种风险，要不怕挫折；五是创业要有勇气，是一种开拓性的活动。

由此可见，创业并不仅仅限于创办企业，虽然创办企业是一种典型的创业，但创业的概念比创办企业的内涵更丰富。从理论上来看，创业既包括创办企业，也包括开创新的事业，还包括在各行各业中创造价值，敢于承担风险的开拓性活动。因此，创业人才也不仅仅指企业的创办人，而应是包括企业创办人在内，在各行各业开创新事业、创造新价值的敢于承担风险的创造性地工作的人，他们可能是老板，也可能是员工，可能是公务员，也可能是老师、医生、科学家等。岗位创业与岗位创新有相同的地方，也有不相同的地方，二者在本质上都是创新的，所不同的是前者指在工作岗位上发现新问题解决新问题，开创新领域，敢于承担风险创立事业的过程，如自己想成立一个新部门去开拓新的市场，没有稳定的经济收入；而后者是指在组织安排的工作岗位上出主意，想办法，富有创造性地开展工作，但自己不承担多大的风险，有稳定的社会地位和经济收入。

在对“创业”的含义了解后我们就不难理解“创业型人才”的内涵。这里要区分“创业型人才”与“创业人才”的联系与区别。创业型人才不等同于创业人才，创业人才是指已经在从事创业的人，而创业型人才是潜在的创业人才，他们具有创业意识和创业精神，具备一定的创业知识与创业技能，能够发现创业机遇并有勇气敢于承担风险去抓住机遇，不管其目前在不在创业或将来会不会创业。

创业型人才的主要特征有：①眼光敏锐，善于发现机会、把握机会；②具有冒险精神，敢于做前人没有做过的事情；③百折不挠，具有摆脱困难和战胜困难的能力；④具有强烈的使命感和社会责任感；⑤有创新的能力；⑥有创业的激情。

从本质上来说，创业型人才与创业人才应当是一致的，即二者都具备以上六个特征，但在客观表现上有区别：创业人才是指正在从事创业活动并在一定程度上有所进展的人，而创业型人才是指具有创业潜质并随时可能参与创业的人。也就是说，创业型人才是潜在的创业人才，而创业人才是已经实现了的创业型人才。高校创业教育的根本目的是培养创业型人才而不是直接培养创业人才，对大学生进行创业教育，根本目的不是让大学生在校创业，而是培养大学生具有企业家素质和精神，重点培养大学生成为创业型人才。事实上，创业型人才转化为创业人才需要有一定的条件。高校培养创业型人才，应该在上述这样一个宽泛的概念下确认，毕业生们离开学校以后，可能很快就创业，也可能先去打工，以后一有机会就创业；工作若干年后，可能成为企业家，更可能是企业家之外的其他优秀劳动者，但无论他们将来实际成为什么人，也不管走到哪里，创业型人才都具有开创新的工作局面或迎接新的挑战的勇气和能力，他们敢闯敢干敢于创新，勇于参与国际经济竞争，他们对人生有真善美的执着追求，对生活充满自信，在各行各业都将成为“抢手人才”，必将成为各行各业的主力军。

（二）地方高校培养创业型人才的时代意义

1. 时代需要地方高校培养创业型人才

在我国，共有1730多所普通高校，其中地方高校1620多所，占93%。在中西部地区有普通高校938所，地方高校达904所，占96%。地方高校的学校数量和在校生人数都占了绝大多数，作为高校力量的主力军和重要基础，在占有较少国家教育资源的情况下，承担着地方人才培养和科技创新的重任。而且地方高校的毕业生绝大多数要充实到各行业的一线和二线，成为各行各业的劳动技术和管理力量的生力军，在他们的生命潜能中能否具有创业精神和创业能力，关系到各行各业的繁荣兴旺，关系到各行各业的创新竞争力，关系到国家民族的未来。在当今时代，着力培养和打造我国地方高校大学生创业能力，培养创业型人才，有着深远的现实意义。这不仅是减轻我国地方高校毕业生就业压力的一个战略举措，更是振兴我国各行各业的需要，是中华民族伟大复兴的需要，是我国参与全球经济竞争与合作的需要，是地方高校真正体现办学个性特色的需要，更是地方高校大学生健康快乐成长、高扬生命价值和意义的发展需要。

21世纪，世界形势更加错综复杂，人类面临诸多挑战和风险，21世纪将是一个“充满机遇与选择的世界”，只有创业型人才才能应对各种挑战和变化，只有创业型人才才能在激烈的国际市场竞争中“摘金夺银”。新时期党和国家大力弘扬创业精神，倡导“干部创事业，能人创企业，百姓创家业”。温家宝在2009年初国务院常务会议上指出：“鼓励和支持毕业生自主创业。高校要积极开展创业教育和实践活动，建设完善一批大学生创业园和创业孵化基地，为高校毕业生创业提供‘一条龙’服务。对高校毕业生从事个体经营符合条件的，免收行政事业性收费，落实税收优惠、小额担保贷款及贴息等扶持政策。”作为新时期的地方高校，把大学生培养成未来职业的创造者，为一个新世纪培养有创业精神和创业能力的新人，是地方高校义不容辞的责任。如果地方高校也照抄照搬部属高校的模式发展，培养出来的毕业生只有学术能力而没有创业精神和创业能力，不仅将造成社会、千万个家庭和毕业生本人就业压力增大，而且在毕业生自信心、健康人格形成和人生发展方面可能导致负面影响。因此，地方高校着力打造大学生的创业能力，是时代发展的需要，是建设和谐社会发展的需要，是个体生命发展的需要。

在今天，创业型人才是我们这个社会的稀有元素，这种人才需要一定的时间和土壤来培养和造就。有“管理学之父”之称的世界管理大师彼得·杜拉克在《创新与企业家精神》一书的结论中指出，现在的社会是企业家的社会，美国经济已经从“管理经济”转型为“企业家经济”。他说：“我们需要一个企业家社会，在这种社会中，创新和企业家精神是一种正常、稳定和持续的行为。”进入新世纪，“创业”一词已成为我国社会发展的热点，它在媒体上的频繁出现反映了我们今天社会的活动。正像在改革开放初期我国出现人才学一样，现在也兴起了创业学。这同时意味着一种新的经济、一个活跃的经济时代的到来。我国正处在一个经济转型时代，一个人才转型时代，在这一历史进程演变趋势中，我国的高等院校不能充当“看客”，不能无所作为，而应与时俱进，办创业型大学，培养创业型人才。

2. 创业是大学生成才的重要模式

在我国社会主义市场经济迅猛发展的今天，伴随着社会环境变化，整个社会日益推崇企业家精神，越来越多的大学生不再甘心等待雇佣，而是希望拥有自己的企业。自主创业不仅是大学生自主就业的重要途径，更是大学生成才的重要模式。传统观念认为，大学生毕业后面临的选择是就业、考研、出国，大学人才培养的目标也囿于研究型、应用型，忽视了对大学生创业观念和创业能力的培养。不少大学毕业生在找不到满意的工作后，才去考虑创业的问题，以致形成了大学生“无业才创业”的错误认识，这是对创业的误解，也不利于创业成功，大学生创业不应该是在就业难面前的“无奈之举”。还有不少“书呆子”认为：大学生创业与学习会有冲突，会影响学习。这种片面的认识将理论与实践割裂，把大学生的学习囿于“教室学习”、囿于“纯书本学习”，好像社会实践就不是学习。其实创业过程本身就是一种重要的学习，是思维的一种创新，是人生的一种深刻体验。

3. 地方高校要让学生掌握“第三本护照”

在“面向21世纪教育国际研讨会”上，针对未来的人才素质，埃利雅德博士介绍了经济合作与发展组织的教育研究与革新中心关于“三本教育护照”的讨论情况，引起了与会代表和观察员的浓厚兴趣，并最终写进了会议报告。这一概念是一位叫柯林·博尔的学者在向经合组织提交的一篇论文中提出的，并引起了热烈讨论。他认为，未来的人都应学习和掌握三本“教育护照”，一本是学术性的，一本是职业性的，“第三本护照”则是证明一个人的事业心和开拓能力。过去人们往往重视学术能力和职业能力，而忽视人的事业心和开拓能力。如果一个人缺乏事业心和开拓能力，学术的和职业方面的潜力就不能发挥，甚至变得没有意义。亚太会议报告还指出：“要求把事业心和开拓技能教育提高到目前学术性和职业性教育护照所享有的同等地位。事业心和开拓技能教育要求培养思维、规划、合作、交流、组织、解决问题、跟踪和评估的能力。”在这里讲的“事业心和开拓技能教育”就是我们今天倡导的创业教育，地方高校不仅要培养学术型和职业型人才，还要培养创业型人才，以满足时代发展社会对创业型人才的需求。

4. 开展创业教育是地方高校的使命和发展机会

联合国教科文组织在其发表的《高等教育改革和发展的优先行动框架》中强调，高等学校必须将创业技能和创业精神作为高等教育的基本目标，高等教育应主要培养创业技能与主动精神；毕业生将不再仅仅是求职者，而首先将成为工作岗位的创造者。世界高等教育大会通过的《世界高等教育会议宣言》和《世界高等教育会议行动框架》明确指出：“为方便毕业生就业，高等教育应主要培养创业技能与主动精神，使他们（毕业生）不仅成为求职者，而且逐渐成为工作岗位的创造者。”

在国外，大力开展创业教育已成为时代发展趋势，美国大约有1600所大学开设了2200多门关于创业的课程。澳大利亚、荷兰、芬兰和加拿大等国的经济事务部门努力与教育部门合作，将创业内容引入教育体系，使之成为贯穿教育课程的一个组成部分。英国全国课程委员会已将创业技能作为学校课程体系中七大核心课程之一。英国在2005年进行全国高校教育调查时便建议各高校机构要鼓励创业。在20世纪90年代初期，加拿大大西洋区就将创业教育作为其创业发展战略的中心部分，创业教育计划的目标是使每所学校的每个年级、每个教室中的每位同学都能学习创业。

从教育发展历史来看，古代的教育侧重道德型人才的培养，近代的教育侧重职业型、研究型人才的培养，现代的教育应侧重创业型人才的培养，这将成为时代发展的趋势，也必将成为我国社会主义市场经济条件下地方高校变革的一个发展方向。

三、加强本土化创业教育的若干对策

创业教育是一个系统工程，不单是创业知识的传授和创业技能的培训，还是一个素质教育的过程，它包括创业思想的确立、创业氛围的形成、创业技能的培养和创业认证。而且因为我国的创业教育处于初始阶段，所以我们要借鉴国外一些好的经验，还要结合我国国情及各高校的实际情况，从以下几个方面实施创业教育。

（一）转变学生和教师的观念，确立创业思想

创业思想的确立是基础。创业思想教育主要包括创业意识培养、创业动机的确立、创业品质的养成。培养创业意识，要对大学生进行创业信念教育，培养其社会责任感，帮助学生树立全面的就业观；进行就业形势教育，培养学生的创业信心和勇气。要使学生勇于创业、乐于创业，并通过创业的典型教育激发学生的创业欲望。而培养大学生健全的创业品质，就是要使学生具有坚定的创业信念、创业成功的自信、创业的责任感和逆境创业的心理准备；要使学生具有积极的创业心态、鲜明的创业个性和抵御外界干扰的能力。

（二）创新教师队伍建设

师资是创业教育课程教学的关键，创业是一种实践性很强的活动，教师的学识、经历和经验很大程度上决定着课堂教学的效果。有创业和企业管理经历的教师无疑是创业教育师资较好的人选。但目前的状况是，有企业经验者不在教学岗位上，在教学一线的教师又往往缺乏企业经历和经验。要解决这一问题，一方面应该制定新措施，鼓励教师到创业一线去兼职，甚至可以有计划地选派有潜力的青年教师开展创业实践；另一方面，可以请一些企业、一些经验丰富的成功企业家、创业者、技术专家做创业基地的兼职教师，在教师队伍上要有所

创新。教育部已连续两年举办了创业骨干教师培训，来培训大学教师怎样进行创业。

（三）完善创业教育体系

（1）建立创业教育体制，将创业教育渗透到各高校的课程体系中，并在不同性质的高校实施不同形式、不同内容的创业教育，逐渐形成有权威的教材体系，不断总结经验，达到有效的教学手段，形成公平合理的教学评估标准。

（2）充实创业教育内容，形成一套权威的教材体系。创业教育的主要内容应该包括培养学生良好的自主创业意识，树立全新的就业观念，培养学生创业的基本素质、基本能力和基本品质，引导学生掌握创业的基本知识、基本理论和基本方法。对高校来说，创业教育的重点应该放在如何指导学生将书本知识转化到实际生活，并创造一定的经济价值，在条件成熟时创办自己的企业。有些学校有一些校办企业，学校可以组织这些企业的领导开设创业技能课，可以包括创业概论、商业机会、创业资源、公司创建、市场营销、竞争分析、企业战略、创业融资、创业计划等内容。任科教师应该不断总结，形成适合各高校校情的创业教材体系。

（3）丰富教学形式，加强创业技能的培养。应以案例教学、实践操作为主，不断完善创新。创业教育首先不能离开课堂这一传授知识和经验的有效途径。课堂教学可以实现知识、人员和时间“三集中”，是创业教育的基础环节。课堂教学只要方式科学，就会提高知识传播的效率。开展创业教育活动也是创业教育的一个重要环节，是创业教育的载体。例如，创业计划竞赛、模拟企业管理、创业沙龙或者讲座等，既可以提高学生的兴趣，培养学生的团队精神，增强学生的体验，又便于检验学生掌握创业知识和创业技能的情况。另外，创业教育还应该为学生的创业过程提供适当的辅导，这也是创业教育体系中的重要环节，关系到学生创办企业的生死存亡。有的学校为了鼓励学生创业，把有创业能力的学生组织起来开展全真训练。总之，有效的创业教育体系是实现创业教育目的的支撑。

（4）建立健全创业制度，形成良好的创业氛围。不仅政府要有一定的政策作为保障，还应该建立科学有效的创业教育认证制度。高校要建立较合理的创业教育教学评估标准，要把大学期间的学生创业活动作为一种鼓励成功的机制，让学生把选择创业作为一种个人多元化发展的重要方向。学校要对教师的科研和创业辅导工作予以支持：以科研促教育，以创新促创业；为在校生的创业努力提供多方面的支持，在资金和咨询辅导上提供帮助；要积极参与，动员一切可以动员的力量，共同营造良好的创业教育环境。

发展创业教育不是一个学科的发展问题，也不是一个课程体系问题，而是一代大学生的意识和基本功教育及素质教育问题，更是一个时代社会和谐发展的问题。发展创业教育主要应该把培育创业精神提高到办学宗旨的高度。努力培养学生向德智体美劳的全面发展目标迈进，使学生毕业后体现出一种发奋图强、敢于创造、不畏艰难、把握机会、善于组织的意识和技能，为我国和谐社会的发展做出贡献。

第二节　促进大学生创业的路径与方案

促进以创业带动就业是加快以改善民生为重点的社会建设的重要内容，是我国实施扩大就业的重要发展战略。不仅每年有500万以上的高校毕业生要就业，而且知识结构更新、产品更新换代、终身教育理念更加让我国的经济发展、社会稳定和学生连在一起。通过鼓励创业，不仅可以起到扩大就业的效果，也可以改善就业结构，提升就业质量。近年来，在严峻的大学生就业形势下，不少毕业生毅然走上自主创业之路，成为大学生就业的第四条道路。但是据调查显示，目前发达国家大学生创业率在20%~30%，而我国仅为1%~2%，除了国家的创业政策不完善，其他制约大学生创业的因素还有很多。因此，我们要充分利用高校资源，培养好学生，特别是他们的创业能力，积极开拓大学生创业的有效实施方案。

一、大众化的高教发展给就业带来的严峻挑战

自1997年高校扩招以来，高校规模急剧扩大，办学主体和办学层次日趋多

元化，学生成分更加复杂化，在校生人数成倍增长，以教师为主体的培养模式得不到改变。越来越多的缺乏创业教育的高校毕业生仅仅依靠原有的企业及用工数量已经不可能满足就业的需要，况且，随着国家经济的发展，科技的进步，现代化设备的运用，许多城镇下岗工人也在等待就业。大众化教育模式下培养的高校毕业生给就业带来的挑战越来越突显。

就业是民生之本，让劳动者最大可能地实现就业也是构建和谐社会的有效手段。面对如此严峻的就业压力，创业不仅可以为自己解决出路，而且还提供了更多的就业机会，带动就业，一举多得。

二、传统的教育方式给就业带来的困惑

为什么如今拥有高学历的人也找不到工作呢？归根究底，还是得“归功”于我国的传统教育。随着我国社会从传统向现代、由计划向市场的转型期的完成，经济全球化、信息网络化对学生的影响日益加深，给学生就业带来了严峻的挑战。传统教育给就业带来的困惑如下。

（一）学非所用

达吉特曾说过：“我们应该让我们所有的七年级学生要求他们的教师每天问同样的问题：‘我今天教给你们的东西，你们将来会在什么地方用上？’”传统的教育方式下，老师将知识灌输给学生，是以教师为中心的一种教学模式，没有充分考虑到学生的接受性等。在学科设置中，一些课程的设置不合理，对学生的现实意义不大，或者联系不到实际，在几年的辛苦学习后，在就业应聘中，换来的却是一句“你学的这个没有用……”。

（二）重理论轻实践

我国的传统教育，通俗理解就是课堂教育，满堂灌的思想，以课堂为中心、以课本为中心、以教师为中心，大家都认真听讲，抄笔记、考试、拿文凭。在学校里，是每位老师眼中的乖学生、好学生，上课认真，成绩优异，待到毕业后，面对实际的工作却是两眼摸黑、手足无措，全然已经忘记书本知识，联系不到实际，掌握不了工作原理、工作方法。

（三）观念跟不上

现在社会的标准是“以成绩证明一切”，虽然嘴上说改革创新，可大多数地方还是偏向于中国传统的“乖宝宝”教育方式，没有紧跟时代的步伐，运用新的观点、新的理念教书育人。在激烈的就业竞争环境中，没有新的观念，加快不了生产力，用人单位也会实行优胜劣汰机制。

三、促进大学生创业的路径与方案

（一）路径

（1）创业教育要从学校做起。英国的创业教育模式分为“创业启蒙教育”“创业通识教育”“创业专业教育”三个层次，在学校期间就开始了创业教育，不仅满足了高等教育中学生进入社会前的必要培训环节，而且满足了职业人士的终身教育要求。培养高素质，有创新精神、创业意识的大学生，学校系统的创业教育必不可少，学校课堂教学可以实现知识、人员和时间“三集中”，是创业教育的基础环节。

（2）创业教育课应该是必修课。创业教育不是针对某些学生，而应该让所有的学生接受教育，经过系统的培训学习，使他们都能够具有创新思维，培养他们的创新创业精神。因此，创业教育应该纳入教学计划，以必修课的形式让所有学生接受教育；同时，在课程设置中要合理安排，结合自己学校、学生的特点设置。

（3）创业理论与实践相结合。在创业教育过程中，应理论结合实际，以实践作为大学生创业意识和创业能力孕育的载体，提高大学生的创业能力和素质，积极引导大学生“学会认知、学会做事、学会生活、学会生存”，使大学生在创业时“走得出”“站得住”“干得好”。

（4）学校、社会、企业为一个合体，相互作用，形成合力。与发达国家相比，我国的创业服务有相当大的差距，因此我们在加强创业教育、提高创业能力、搭建创业平台的同时，更要完成学校、社会、企业的协作，从政策、平台、培训等方面加强对大学生的教育，充分发挥学校、社会、企业三者的合力作用。

（二）方案

大学教育的培养目标更大程度上是培养适应我国社会经济发展所需的就业

者。而随着社会的发展、科技的进步，大学教育应积极引入创业教育理念，在进行系统的专业知识传输的同时更应注重对学生实践能力及创新能力的培养，通过有效的创业知识及技能培养使学生具备自我发掘商机及就业机会的能力，从而更好地适应社会职业环境的变迁，从“就业者”走向“创业者”。

1．完善并优化创新创业教育体系

创新创业教育是提升大学生创业能力的有效途径。良好的创新创业教育，能为经济建设源源不断地提供优质人才支持，满足社会新兴行业和产业变革对新型知识创新型人才的需求。创新创业教育的目标是提高大学生创新创业能力，因此，高校应当开发一套新颖、灵活、有特色的科学的创新创业教育指导制度，在课程教学中应当更注重引导和开发学生参与创业、主动思考的能力。创新教学管理模式，改革传统的沉闷的指导方式，让创新创业教育符合学生的创新创业能力发展规律，不断调动学生的积极性，激发学生创业实践的主观能动性，进而全面提高学生的创新创业能力，将学生的创造力无限激发出来。

2．加强实践教学环节的组织

创业活动要求大学生具有极强的实践能力，而不是只会纸上谈兵。创业者如果具备一定的创业经验，那么创业实践活动的成功率将大大提高。因此，高校应该积极推广创新创业计划设计大赛、大学生创新创业作品竞赛、暑期学生社会实践活动等的开展，通过举办创业大赛，开展创业创新实践活动，增强学生创新创业意识，锻炼和提高学生创业能力。同时，高校应该科学开发设计创业实践教学课程，在创业教学的内容上要极具吸引力和新鲜感。

3．广泛吸取创业经验

如今，很多大学都开设了创业指导课，教授创业管理、创业心理、SYB培训等内容，帮助大学生储备创业知识。大学图书馆也积极储备创业指导方面的书籍，方便学生学习与参考。

4．通过各种渠道积极参加实践活动，培养自己的创业能力

实践环节能使大学生在校期间积累丰富的创业经验，培养创业能力。因此，大学生在校期间应当积极参与创业实践活动，积极接触社会，了解市场，并磨练自己的心志，提高自己的综合素质。

5. 重视创新创业素质的自我培养

大学生作为一股新的力量进入社会，应当积极顺应知识经济的发展，不断提高自己的实践水平和各方面的能力，不断塑造并完善创新型思维，提高自身创新创业能力，为创业带动就业做贡献。

强烈的创业激情、新颖的创业观念、有才、有胆、有识，同时还要有坚忍不拔的意志，克服创业过程中的困难的强大的勇气和信心，这些都是当代大学生若想真正的创业成功都需要具备的素质。我们必须重视自身创新创业能力的培养，注重将自己的创新创业素质提升到一个更高的水平，在实践中不断锤炼自己的胆量和信心，同时健全创新创业人格，形成创业者的思维和创业的意识。

第三节　大学生创业能力

一、教育领域“创业能力”的提出

“创业能力”（Enterprise Competencies）一词，是在1989年亚太会议期间与会代表与华裔专家朱小奇先生研究后确定的。

2005年，联合国教科文组织亚太地区办事处在泰国曼谷召开了提高儿童青年创业能力的革新教育规划会议，会议报告提出了创业能力的概念框架和开发创业能力的策略，并制订了实施这一项目的地区行动计划。2008年，亚太地区办事处在日本东京召开了“提高儿童、青年创业能力与革新教育”研讨会，会上进一步对创业能力的概念进行了界定，提出了在现行课程中渗透创业能力教育的课程模式和评价模式。2013年，联合国教科文组织在汉城召开了第三届国际职业技术大会，会议强调要加强创业能力的培养，并认为创业能力是一种核心能力。

然而，如何理解创业能力？创业能力的本质特征有哪些？专家学者对此的认识和表述都不一致。

二、对“创业能力”的不同表述

关于创业能力，专家学者有不同的认识和表述，特列举以下七种观点：

（1）毛家瑞、彭钢、陈敬朴在《教育研究》发表的《关于创业教育的若干问题》一文中指出：“创业能力是一种具有很强实践性的能力；创业能力是一种具有较强综合性程度的能力；创业能力是一种具有创造性特征的能力，是一种自我开发、自我实现性质的创造力；创业能力是与个性倾向、特征紧密结合在一起的行为操作方式；创业能力是知识、技能经过类化和概括化后形成的稳定的心理范式。创业能力包括专业职业能力、经营管理能力、综合性能力三种，其中综合性能力又包括发现机会、把握机会、利用机会、创造机会的能力，收集信息、处理加工信息、综合利用信息的能力，适应变化、利用变化、驾驭变化的能力，非常规性的决策和用人的能力，交往公关社会活动能力等。”

（2）彭钢在其专著《创业教育学》一书中提出：“创业能力与其他能力一样，属于认识活动的范畴，而不属于情意活动的范畴，但创业能力的形成和发挥与情感意志过程紧密联系，密不可分。”

（3）高耀丽在其论文《大学生创业教育的实施与高校管理变革》中提出：“创业能力是指将自己或他人的科研成果或市场创意转化为现实生产力的能力，包括专业知识运用能力、创新能力、社会能力（捕捉市场信息及市场分析的能力、经营管理及理财能力、人际交往能力、团队合作能力、发现人才和使用人才能力、适应变化和承受挫折能力）等。在这里，专业知识运用能力是构成创业能力的前提，创新能力是创业能力的基础，社会能力是创业能力的核心。”

（4）郑登成在《中国冶金教育》发表的《如何在职业培训中培养学生的创新和创业能力》一文中提出：“创业能力就是要求劳动者不仅有知识，有科学技术，还应该是具有多种劳动技能（本领）的复合型劳动者，并通过自己的创造性劳动获得较大的经济效益和社会效益的能力。”

（5）徐兴海在《职教通讯》发表的《适应时代需要，培养创业能力》一文中提出：“创业能力是创业者能根据市场规律和现代生产、服务活动的规律，自主进行创业项目的选择和从事生产、经营、服务管理的综合能力，包括认识市场的能力、现代管理经营能力、自主创业能力。”

（6）申卫东在《渝州大学学报》发表的《在素质教育中注重创业能力的培

养》一文中提出："创业能力是指工资形式就业以外的自我谋职的能力，是一种以智力为核心的，具有较高的综合性、突出的创造性，能够顺利实现创业目标的特殊能力，包括特殊的创业品质、专业技能、信息处理能力、决策应变能力、主动适应环境的能力。其中特殊的创业品质有：独立生存的自信心，不断进取的进取心，广泛关怀的责任心。"

（7）严强在其专著《社会发展理论》一书中提出："创业能力是指影响创业实践活动效率，促使创业实践活动顺利进行的主体心理条件。具体讲，是以智力活动为核心的，具有较强综合性和创造性的心理机能；是与个性心理倾向、特征密切结合在一起的，在个性的制约和影响下形成并发挥作用的心理过程；是经验、知识、技能经过类化、概括化后形成的，并在创业实践活动中表现为复杂而协调的行为过程。"

从以上各种关于创业能力的观点来看，有不少观点值得我们借鉴，如创业能力是一种实践性很强的、具有较强综合性和创造性特征的、以智力为核心的特殊能力；是一种自我谋职的能力；是一种把自己或他人的市场创意转化为现实生产力的能力。但不少专家学者是从传统心理学的角度来研究分析创业能力的，把创业能力限定于认识活动的范畴，而不属于情意活动范畴。有的学者把创业能力等同于开拓技能，把事业心排除在创业能力之外，对创业能力的本质揭示不够深刻。

三、心理学角度的理解

以往心理学有两大派，即心理计量学派和信息加工学派。心理计量学派多从静态来分析智力，认为人的智力可以分解为元素，这些元素构成智力结构并可以进行测量，智力属于认识活动的范畴，而不属于情意活动范畴（非智力因素）。信息加工学派（认知心理学）认为，智力研究的单元应是主体根据特定种类的心理表征所进行的即时心理运算或操作。要用研究信息加工的成分或单元来了解和刻画智力。当代著名的心理学家、美国耶鲁大学斯腾伯格教授在其专著《成功智力》一书中指出："不论是基于结构还是基于过程的单一智力理论都不能对智力进行清晰完整的描述。"在对传统智力理论进行质疑和创新过程中，斯腾伯格提出了著名的"成功智力理论"，并提出成功智力包括分析性智力、创造性智力和实践性智力。成功智力是以“产品”为导向的新智力理论，强调智力发展的可能性，重视元认知能力、个性和文化因素对智力的影响，把情感意志等都融入成功智力范畴。而美国哈佛大学加德纳教授则提出了著名的“多元智力论”，多元智力包括以下八个方面：语言智力、逻辑-数学智力、空间智力、音乐智力、肢体-运动智力、人际智力、内省智力和自然观察智力等。

斯腾伯格的成功智力理论和加德纳的多元智力理论对我们研究创业能力有很大的启示。可以说，创业能力本质上是一种成功智力，创业能力不仅仅是认知活动的范畴，也是情感意志活动的范畴，是认知智力、情感智力和意志智力的整合结晶，是传统意义上的智力因素与非智力因素的有机综合。

人的每一种能力都是人的生命力的显现，而创业能力是人的生命力的综合表现，更是生命力的一种高级体现。它要融合集中自我生命的多种能量，将自己的理想（梦想）千方百计变为现实。具有创业能力的人具有一种强烈的问题导向、创新导向和实践导向，还具有一种强烈的产品导向，需要将自己或他人的创意或点子转化成产品，通过产品服务满足市场需求，从而创造价值，实现价值，同时也实现自己的理想（梦想），获得快乐成功的生命体验。这里所说的产品，可以是有形的物质产品，可以是无形的精神产品，也可以是服务性的产品，如信息服务、知识服务、技术服务、咨询服务等。

四、“创业能力”的本质特征探讨

创业能力是指目标人口为了能从事创业获得利润并承担风险的开拓性活动应具备的一系列能力。

关于创业能力的本质特征，可以从创业能力、学术能力和职业能力三者的比较中来把握。首先，创业能力与学术能力有相同之处，二者在本质上都是一种创新能力，是一种研究问题的能力，如果没有创新，没有对某种问题的研究，就不可能有创业，也不可能有学术。但创业能力又不同于学术能力，学术能力只是对某种学问的研究能力，而创业能力更侧重于对产品和市场的一种研究能力。搞学术不能带有明显的直接的经济功利目的性，否则就会导致学术腐败；而搞创业，其经济的功利目的性是很明显的，创办公司企业的一个重要目的就是要有利润，否则就不能生存和发展。学术能力侧重于纯理论研究，人的经济风险相对要小得多；而创业能力不仅要研究，更侧重于去行动，去“创”，因而人所冒的风险要大得多。其次，创业能力与职业能力也有相同之处，从某种意义上来讲，创业能力也是一种职业能力，因为创业可以创出一片新天地，创业可以创出一个新职业。但创业能力与职业能力有着本质上的不同，有职业能力的人只是能让自己就业，而有创业能力的人不仅能让自己就业，还能提供更多的岗位让更多的人就业。职业能力是一种谋职的能力，求职者大多侧重于求稳，不太敢冒险和创新，往往缺乏事业心和开拓性；而创业能力是一种开拓事业的能力，创业者更侧重于市场变化，大多敢想敢干，敢于冒险和创新，具有强烈的事业心和开拓精神。

总之，创业能力与学术能力和职业能力既有相似之处又有明显的不同，它是事业心和开拓能力的融合，它介于学术能力与职业能力之间，是比学术能力和职业能力更具风险、更具开拓性的一种能力，它本质上是一种创新能力，是一种社会实践能力。有学术能力的人如果没有事业心和开拓精神，其学术境界往往不会达到很高的水平，学术创新也是有限的。从科学发展史上来看，那些在学术上取得举世瞩目的惊人成就的科学巨匠，有哪一个不是具有事业心和开拓精神的呢？同样，有职业能力的人如果没有事业心和开拓精神，其职业生涯往往也不会精彩，生命的潜能不可能得到充分发挥。正如学者柯林·博尔指出的那样：“如果一个人缺乏事业心和开拓能力，学术的和职业方面的潜力就不能发挥，甚至变得没有意义。”

五、“创业能力”培养策略

（一）转变教育理念，调整对创业教育的认识

1. 重新定位人才培养目标

地方高校的一个重要职能就是为地方的经济建设和发展培养所需人才，这一点已成为大家的共识。问题在于培养什么样的人才？或者说地方高校应制定什么样的人才培养目标，关于这一点，很多地方高校并没有明确，即使提出了也很模糊，没有自己的特点。有的地方高校盲目向重点研究型大学攀比，人才培养目标也定位在研究型人才培养上；有的地方高校提出来的人才培养目标千篇一律，没有特色，没有具体要求而显得模糊不清。事实上，人才市场的就业岗位是呈金

字塔形的，对地方高校应届大学毕业生提供的就业岗位，90%以上是面向一线、面向基层做起的岗位（金字塔的中、底部），大学毕业生都必须在这些岗位上磨炼和考验一段时间才能得到重用（在企业被称为储备干部），才能成为未来的高级人才。即使是自主创业，创业者也大多要先从一线、基层创业起。胸怀大志，又从小事做起，从基层做起，不断积累经验，不断学习与思考，勇于改革与创新，思想素质过硬，专业基础知识扎实，动手能力强，有创业精神和创业能力的优秀人才是当今我国人才市场迫切需要的人才，地方高校应培养出众多这样的优秀人才。

2. 树立新的人才教育观

从被动就业型人才向自主创业型人才培养的转变，首要和根本的问题在于转变传统的教育思想、教育观念和人才观念，从应试教育转向素质教育。邓小平提出，时代需要转变教育思想观念，“从教育观念上看，器具型教育应被智慧创造型教育所取代；从教育目标上看，知识型、专才型应被复合型、创造型、发展型和国际型培养目标所取代；从教育过程上看，知识灌输式和知识习得式教育应被知识激发式和知识识得式教育所取代”。

3. 改革封闭式的人才培养模式

所谓“开放式”，是指高校实行开门办学，一是对外开放，加强与社会各界的合作与沟通，开成合力，为学校培养人才服务；二是学校内部开放，加强部门之间、员工之间、师生之间的沟通与合作，形成合力，资源共享。长期以来，我国高校实行的是封闭式办学，具体的教育行为也多是采用封闭式人才培养方式，像高高的大学校园围墙、远离社会的大学新校区就是一个象征。在我国社会主义市场经济体制改革与发展时期，在全球经济和科学技术教育竞争越来越激烈的时期，我国地方高校办学要有市场观念，要面向市场，面向世界，面向未来，要理论联系实际，打破人为的教育障碍和“围墙”，实行“开放式”办学。只有这样，高校特别是地方高校办学才会有长久的生命力。

4. 建立教育服务的管理思想

从管理学的角度来看，教师和教育行政工作者都是管理人的生命的管理者，确切地说是管理学生的管理者。在教育活动中，对学生生活如何进行管理呢？纵观古今中外，无外乎就是两种教育管理观，一种是把学生不当成“人”，即“非人”来进行教育管理；另一种是把学生当成“真人”来进行管理。把学生当成“非人”的教育管理观，有一个共同的特征，即非人性化管理，压制人性，扭曲心灵，摧残生命，过分强调秩序、标准、划一、纪律、制度、服从、外在功利目的及强制、惩罚等。处在这样教育关系中的青少年的生命体验无疑是痛苦不堪、恐惧不安的，没有意义和幸福感的，一切努力都是为了他人，为了某种目的，生命中没有自我，没有个性，没有差异，生命成了一个有待加工的“原材料”，学校变成了“加工厂”。正如叶澜教授指出的那样：“学校可以成为孕育人的精神生命的‘宝地’，也可以成为扼杀人的精神活力的‘屠宰场’。”“没有学生学习的主动性，没有学生在教学中的积极主动参与，教育就可能蜕变为‘驯兽式’的活动。”

另一种教育管理观，则是把学生当成一个“真正的人”来对待，认为学生是一个丰富的、流动的、有多种发展可能性的不断成长中的生命，是一个有独一无二价值的、充满生命力的有个性的生命，是一个追求自由与完整、快乐与成功的鲜活的生命，是一个可爱的、生动活泼的、会淘气犯错的、能知错就改的生命，是一个不断实现着创造着的、有多种需要与冲动的大写的“人”。在学校家庭教育管理中，要以人为本，关爱生命，呵护生命，尊重生命，热爱生命，启迪生命，激发生命，帮助生命学会生存，学会学习，学会生活，学会做人，学会创新与创造，帮助生命更好地不断体验做“人”的快乐与成功。

（二）整合校内资源，构建创业教育的实现机制

1. 实行课程改革

课程是地方高校教育教学工作的核心，地方高校设立什么专业、开设哪些专业课程、怎样设计专业教学与实践计划、开设的课程又上哪些内容、要采取怎样的教学方式和教学模块去实现教学计划。这些正是地方高校要致力改革的地方。长期以来，我国地方高校往往照搬多年不变的陈旧的专业培养计划，很少做人才市场需求和大学生身心健康发展需求的调查研究，往往是关起门来做专业设计。地方高校的课程改革归根结底要紧紧围绕学校人才培养目标，以人才市场为导向，以用人单位人才需求和大学生学习需求调研为依据，在调查研究的基础上，集中专家学者的智慧，为大学生设计出有针对性的培养计划。

地方高校创业教育的内容主要包括四个方面，即树立创业意识、培养创业

心理品质、提高创业能力、形成创业知识结构。在教学内容的设计上要注意科学教育与人文教育、智力教育与非智力教育相结合，普及性教育与重点教育相结合，既要有面向全校大学生的创业公选课，又要有针对有强烈创业愿望大学生的创业核心课程。厦门大学林金辉教授提出："建立大学生创业保障机制，成为高等教育与创造教育的当务之急"，建立保障机制，必须重视四种机制的构建，即教学保障机制、激励机制、导向机制、评价与监督机制。

2. 进行教学方法的探索

创新教学方法是"创业教育"成功的关键。从原则上讲，一是要求教师在教学过程中少讲结论，多讲过程，多讲方法，多提问题，让学生多思考，多争论，多实践，注意调动学生的主动性和积极性，激发学生的求知欲望。要大力提倡采用启发式、案例式、讨论式、课外训练式、情景体验式、创业基地参观学习等多种形式的教学法，鼓励学生逆向思维，使学生从被动学习状态转向主动学习和探讨学习。二是教会学生自学，使学生能掌握获取新知识的方法，最终达到终身自学的目的。三是改进教学手段，将现代化技术运用于教学，积极开展CAI教学、仿真训练教学、情景模拟实战训练等，善于利用信息网络系统，增强学生获取信息的能力，为培养学生创造性思维提供空间。四是要改革考试方式，克服单一的闭卷考试迫使学生死记硬背，导致学生"高分低能"的状态，应根据课堂教学内容的特点和学习要求，采取开卷、口试、小作文、大作业、模拟情景实际操练等多种形式的考核方法，注重考查学生运用知识和科学思维能力，真正使学生把知识学好、学活、学到手，最终提升学生的创业能力。

3. 建设适应创业教育的师资

长期以来，地方高校只注重引进研究型师资，而很少考虑引进适应创业教育的师资。地方高校必须尽力创造条件，采取多种方式，使教师得到深造和实践，以提高他们的水平和素质，并通过教学、科研、实习和技术开发、企业挂职锻炼、产学研合作等形式，培养和造就一大批具有复合型知识结构、能力结构的创业教育教师。

4. 确保教育实习质量

近几年来，地方高校由于扩招，大学生人数激增，相应的人力、物力、财力以及服务跟不上，导致教育质量下降。尤其是在大学生教育实习、教育实践这个重要的教学环节上，不少地方高校不重视，实习、实践基地很少，满足不了大学生能力培养的需求，大学生最后一个学期的实习基本上是放任自由，没有作为。

教育实习与教育实践是高校人才培养的一个重要环节，地方高校要改变以往刻板单一、学用分离、简单管理的传统，矫正学与用、教与产、校与企在空间上互不搭架、时间上互不衔接的分离局面，建立从实际出发、灵活多样、工学交替、分段完成学业和实习的新体制。要将平时实习与集中实习、假期实习与分段实习结合起来，既可以把实践操作搬进课堂，也可以在生产经营第一线开展教学与培训，还可以让学生在学校学习一段时间，离开学校到社会工作一段时间，再回到学校继续学习，最后下去实习，进行分段式学习和实习。

5. 建立创业教育实践平台

地方高校要大力创办高校科技创业园区，建立师生创业实践平台，让园区成为师生创业的“孵化器”，并制定在校师生科技转让和创业的激励政策，成立相应的师生创业服务指导机构，建立产、学、研一体化教育模式，充分利用校内资源与场所建立创业实训基地。一是学校的科研实验室要全天候地向学生开放，让学生了解科研前沿，演示高精技术设备，展示最新科研成果，同时鼓励教师科研课题研究接纳部分优秀大学生。二是利用校内资源组织学生进行创业实践体验，让大学生虚拟创业公司。地方高校还可以成立让学生自主管理、自主经营的科技服务公司，建立大学生超市、食堂、书亭、家教服务中心、教育培训中心等实体，在创业指导教师的指导下，让学生在实践中处于主体地位，体验创业全过程，培养学生的创业精神和创业能力。

有条件的高校还要加大经费投入，建立创业基金，想方设法为师生创业排忧解难，为大学生创业提供创业政策、创业资金、创业培训、创业服务等方面的支持。

（三）优化校外环境，发挥政府和社会的力量

1. 做好创业政策的落实与完善

近几年来，党和政府大力倡导全民创业，建设和谐社会，并制定了鼓励创业（包括大学生）的许多优惠政策，各级地方政府也相应出台了创业政策。在大学生创业能力培养过程中，一方面，地方政府在创业政策服务方面主要

做三件事：一是为帮助大学生更好地了解创业政策，把各级政府推出的一些诸如减免税收、创业援助、创业贷款、社会保障等方面的政策，进行收集整理，汇编成册，免费发放给大学生；二是为帮助大学生更好地运用政策通过举办创业形式分析会、报告会、创业政策讲解课等形式，帮助大学生理解创业政策、运用创业政策；三是积极帮助大学生争取创业政策，针对大学生创业政策的某些空白和缺位，政府教育行政部门要出台相关大学生创业政策，如实行弹性学分制、创业实践课可计学分、在校大学生可以申请办理休学保留学籍去创业等。另一方面，地方政府要优化社会创业环境，制定和完善市场竞争规则，规范公务员工作行为，对扰乱市场发展的违法乱纪行为给予有力打击等。

2. 建立多元化的融资渠道

为帮助大学生缓解筹资压力，顺利迈出创业的第一步，只靠地方高校设立一定的创业基金是远远不够的，地方政府对创业基金的投入十分重要，在这方面应该大有作为。地方政府可采取类似发达国家的政府、社会、银行三条渠道争取专项基金和贷款的做法，设立一定资金规模的“大学生创业基金”。还可以在实践中探索出四种筹资方式：一是由政府、企业或学校担保贴息贷款，就是对大学生创业所需资金不足部分由政府、企业或学校作为贷款担保，银行提供减息让利，必要时组织提供贴息；二是信用担保贷款，就是将学校评选出的青春创业号、青春创业之星及向社会举荐优秀大学毕业生等作为无形资产担保贷款；三是由政府组织设立科技创业园区，还可以将政府高新开发区作为创业园区，为大学生创业提供实践平台和“孵化器”，并减免创业科技园场地租金、加盟费和保证金，降低大学生创业门槛；四是对大学生创业行为大力支持，降低大学生市场准入条件，减少公司注册资金，减免大学生到工商、税务等部门办证的相关费用。

3. 强化创业培训

与发达国家青年创业培训只需要在技术性环节提供帮助不同，地方政府和地方高校对大学生创业行动的培训要渗透到大学生创业的每一个重要环节。一是针对思想观念保守、创业意识不强的大学生，要通过举办创业论坛、创业大课堂、创业典型报告会、创业训练营等形式，引导大学生转变观念，增强创业意识；二是针对有创业意识但缺乏创业能力的大学生，要开展系统的创业素质和技能培训，并有针对性地组织他们到当地高新技术开发区和创业园区见习、实习和工作；三是针对在创业中缺少经验的大学生，要为其配备创业导师，进行“一对一”的创业辅导。

4. 完善服务体系

与发达国家已经拥有的比较完备的青年创业服务系统不同，地方政府要注重从基础环节入手，逐步强化和完善五项服务：一是提供创业信息。通过报纸、电视、网络等传媒，发布创业项目，提供创业信息咨询；二是建立创业项目经理负责制。组织若干名专职创业指导老师，具体指导，跟踪服务；三是建立“大学生创业超市”，就是把大学生创业行动的项目、信息、政策、资金及服务等内容整合在一起，实行资源共享，供创业大学生选择；四是成立法律援助中心，为大学生创业提供法律咨询和维权服务；五是建立大学生就业创业联席会议制度，定期研究解决大学生创业过程中遇到的实际困难和问题。六是制定奖惩政策，激励各级企事业单位积极接纳大学生到本单位参观见习和实习工作，努力实现全社会资源共享，调动社会一切积极因素，为大学生健康成长和创业能力的培养服务。

总之，地方高校大学生创业和就业的机会取决于地方经济发展、企业扩张和学校发展的水平和速度。当前我国经济正在飞速发展，很多地方政府、大中型企业和学校纷纷推出扩张计划，希望在激烈的市场竞争中抢占先机。政府主导的全民创业社会发展计划陆续出台，为大学生创业开辟了广阔的天地，为大学生创业能力的培养提供了众多的实践舞台。更令人欣喜的是，教育部颁发了《教育振兴行动计划》，其中特别强调了要构建和完善中国特色社会主义现代化教育体系，增强国民的就业能力、创新能力、创业能力。政策是党的生命，通过科学的创业教育政策推动我国整个教育体制从被动就业型教育到自主创业型教育已势在必行。

第四节　大学生创业计划与实践

每一位有志者都立志于做一番事业，由自己掌握自己的命运，创造一份属于自己的辉煌事业。如果你想真正拥有一份属于自己的事业，如果你想获得更多的机会和选择，如果你想最大限度地发挥自己的能力和实现自己的理想，那么，走创业之路，由自己亲自动手去开创一份属于自己的事业，立志做一个成功的创业者。无须再等待，机会就在面前：一个充满机遇和挑战的新时代——创业时代，已经到来。

适应时代的要求，越来越多的高校在人才培养中将培养具有创业精神和创业能力的高素质人才纳入自己的视野，并积极创造条件，搭建适宜于创业人才孕育和成长的平台。创业计划竞赛就是其中具有代表性的典型平台之一。在这个平台上，千万个有志青年已经开始行动：他们用自己的智慧和勇气，描绘着自己的创业蓝图，憧憬着自己美好的未来。

期待成功的青年大学生们，不必犹豫，大胆地迈出第一步参与进来！只有敢于挑战自我，才有可能获得成功。

本节旨在引导同学们参与创业计划竞赛，指导同学们着手描绘自己的创业蓝图——创业计划书。

一、创业计划竞赛参赛指导

（一）创业计划竞赛概况

创业计划竞赛是近几年风靡全球高校的重要赛事，它借用风险投资的运作模式，要求参赛者组成优势互补的竞赛小组，提出一项具有市场前景的技术产品（或服务），并围绕这一产品（或服务），以获得风险投资为目的，完成一份完整、具体、深入的创业计划。

创业计划竞赛起源于美国，又称商业计划竞赛。1983年，美国德州大学奥斯汀分校举办了首届商业计划竞赛。随后，这一赛事迅速风靡世界一流大学，包括麻省理工学院（MIT）、斯坦福大学在内的十多所大学每年都举办这一竞赛。

创业计划又名“商业计划”，是一无所有的创业者就某一项具有市场前景的新产品（或服务）向风险投资家游说以取得风险投资的商业可行性报告。创业计划竞赛要求参赛者组成理工科、管理等学科交叉、优势互补的竞赛小组，在深入研究和市场调查的基础上，提出一个具有市场前景的产品（或服务），围绕这一产品（或服务），完成一份完整、具体、深入的创业计划，以描述公司的创业机会，阐述创立公司、把握这一机会的进程，说明所需要的资源，揭示风险和预期回报，并提出行动建议。在以往的各次竞赛中，有相当数量的创业计划被投资基金选中投资，由这些“创业计划”直接孵化出的企业有的几年内就成长为年营业额数十亿美元的大公司。从某种意义上说，以创业大赛为载体的青年创业热潮已成为近几年美国经济发展的直接驱动力之一，它大大推动了高科技产业的发展，Netscape、Excite等公司就是在美国大学的创业氛围中诞生的。

创业是一项极具诱惑力和挑战性的事业，大学生创业在大学生群体当中造成了巨大的反响。20世纪90年代后半期，随着创业动因的强化和创业环境的成熟，大学生开始关注创业并为之做着思想和知识上的准备。在此期间，“大学生创业计划大赛”不断发展，教育部颁布了一项有关“大学生、研究生（包括硕士、博士研究生）可以休学保留学籍创办高新技术企业”的政策，各大学不但为大学生创业开了绿灯，而且提供了法律、技术、知识等方面的具体指导和帮助。大学生创业就在这种环境下不断发展和壮大起来。

（二）创业计划竞赛的教育功能

1. 有助于增强大学生的社会责任感和社会适应性

创业竞赛不是为了出几个大学生经理，不是为了办成几个公司，而是为了实现个人价值与社会价值的高度统一。通过参赛，学生可以深入了解社会需求，了解涉及国计民生的重大问题，了解国情、省情、民情，在今后的学习、工作、生活中树立为人民服务的理想，增强社会责任感，为国家的富强做出贡献；同时也有助于学生了解社会对大学生能力的需求倾向，对今后的工作有一定的感性认识，积累社会经验和工作经验，弥补学校常规教育的不足，从而增强社会适应性，有利于毕业后更好地适应社会。

2. 是进行主体自我教育的现代教育理念的体现

教师是主导，学生是主体。任何教育要达到其目的，唯一的途径就是将一切外在的教育手段和方式转化为学生的主体需要。通过参赛，学生可以达到知识的转化和提升自我学习、自我教育能力的目的，使大学生在活动中体验社会需要，对自己知识体系和实践能力的不足之处主动地进行学习、接受教育。

3. 为学生提供了一种全新的社会实践形式

创业计划竞赛为校园内涌动的创业热潮和校园外的现实提供了一座有效的桥梁，为正在大学校园里学习的大学生提供了新的社会实践机会，使大学生在参赛的过程中进一步挖掘自己的潜能，施展自己的才华，培养大学生的设计、策划能力。

4. 是素质教育的有效载体

作为素质教育的有机组成部分，竞赛走出了课堂教学的固定模式，跨出了专业技术教育的单一内容。它要求大学生不但要有扎实的学业功底，以此作为跨入社会的基础，而且要具有较强的协作精神与团队意识，更重要的是，要能为了自己的理想与信念勇于奋斗，敢于拼搏。通过参赛，可以使大学生的实践动手能力、应变能力、沟通能力、问题意识得到强化，使大学生的综合素质在均衡发展中进一步提高。

二、创业计划书撰写指南

“没有创业计划就无法融资”，这是已经被广泛证实的事实。作为一位创业者，必须编制创业计划。在创业之初，当你征询潜在的投资者，或向银行申请贷款，或准备聘用高层管理人员，或准备同某一位供应商建立长久往来关系时，对方都会要求创业者提供创业计划。

那么，什么是创业计划？

所谓创业计划，就是一份文件。这一文件能明确表述企业有能力提供一定数量的产品和服务，获得满意的利润，并得到有关部门的支持；同时还能为企业管理提供分析基础和信息交流依据，指导监测企业管理行为，以提高企业经营效率。

创业计划发展至今，已经由单纯面向投资者转变为企业向外部推销宣传自己的工具和企业对内部加强管理的依据。总之，编制创业计划书，可以使创业者整体把握创业思路，明确经营理念；帮助创业者有效管理创业企业，并走向成功；通过宣传创业企业，为融资提供良好的基础。

（一）创业计划书的内容

1．计划摘要

计划摘要列在创业计划书的最前面，它浓缩了创业计划书的精华。计划摘要涵盖了计划的要点，要求一目了然，以便读者能在最短的时间内评审计划并做出判断。

计划摘要一般要包括以下内容：公司介绍、主要产品和业务范围、市场概貌、营销策略、销售计划、生产管理计划、管理者及其组织、财务计划、资金需求状况等。

在介绍企业时，首先要说明创办新企业的思路、新思想的形成过程及企业的目标和发展战略。其次，要说明企业现状、过去的背景和企业的经营范围。对企业以往情况的评述要客观，不要回避失误，因为中肯的分析往往更能赢得信任。最后，还要介绍风险企业家自己的背景、经历、经验和特长等。企业家的素质对企业的成绩往往起关键性的作用。

在计划摘要中，还必须回答下列问题：企业所处的行业，企业经营的性质和范围；企业主要产品的内容；企业的市场在哪里，谁是企业的顾客，他们有哪些需求；企业的合伙人、投资人是谁；企业的竞争对手是谁，竞争对手对企业的发展有何影响。

计划摘要应尽可能简明、生动，特别要详细说明自身企业的不同之处及企业获得成功的市场因素。如果企业家了解他所做的事情，摘要两页纸就足够了。

2．产品/服务

在进行投资项目评估时，投资人关心的问题之一就是风险企业的产品、技术或服务能否以及在多大程度上解决现实生活中的问题，或者风险企业的产品或服务能否帮助顾客节约开支，增加收入。因此，产品介绍是必不可少的一项内容。通常，产品介绍应包括以下内容：产品的概念、性能及特性，主要产品介绍，产品的市场竞争力，产品的研究和开发过程，发展新产品的计划和成本分析，产品的市场前景预测，产品的品牌和专利。

在产品或服务介绍部分，企业家要做出详细的说明，说明要准确，也要通俗易懂，使非专业人员的投资者也能明白。通常，产品介绍都要附上产品原型、照片或其他介绍。

3，人员及组织结构

企业管理的好坏直接决定了企业经营风险的大小。而高素质的管理人员和良好的组织结构则是管理好企业的重要保证。因此，风险投资家会特别注重对管理队伍的评估。

企业的管理人员应该是互补型的，而且要具有团队精神。一个企业必须具备负责产品设计与开发、市场营销、生产作业管理、企业理财等方面的专门人才。在创业计划书中，必须要对主要管理人员加以阐明，介绍他们所具有的能力、他们在本企业中的职务和责任、他们过去的详细经历及背景。此外，还应对公司结构做简要介绍，包括公司的组织机构图、各部门的功能与责任、各部门的负责人及主要成员、公司的报酬体系、公司的股东名单（包括认股权、比例和特权）、公司的董事会成员、各位董事的背景资料等。

4．市场预测

当企业要开发一种新产品或向新的市场扩展时，首先要进行市场预测。如果预测的结果并不乐观，或者预测的可信度让人怀疑，那么投资者就要承担更大的风险。

市场预测首先要对需求进行预测：市场是否存在对这种产品的需求？需求程度是否可以给企业带来所期望的利益？新的市场规模有多大？需求发展的未来趋向及其状态如何？影响需求的都有哪些因素？其次，市场预测还要包括对市场竞争的情况、企业所面对的竞争格局进行分析：市场中的主要竞争者有哪些？是否存在有利于本企业的市场空白？本企业预计的市场占有率是多少？本企业进入市场会引起竞争者怎样的反应？这些反应对企业会有什么影响等。

在创业计划书中，市场预测应包括以下内容：

（1）市场现状综述。

（2）竞争厂商概览。

（3）目标顾客和目标市场。

（4）本企业产品的市场地位。

（5）市场区域格局和特征等。

风险企业对市场的预测应建立在严密、科学的市场调查基础上。风险企业所面对的市场本来就有变幻不定、难以琢磨的特点，因此，应尽量扩大收集信息的范围，重视对环境的预测和采用科学的预测手段和方法。风险企业家应牢记的是，市场预测不是凭空想象出来的，对市场错误的认识是企业经营失败的主要原因之一。

5．营销策略

营销是企业经营中最富挑战性的环节，影响营销策略的主要因素有消费者的特点、产品的特性、企业自身的状况、市场环境方面的因素等。最终影响营销策略的是营销成本和营销效益因素。

在创业计划书中，营销策略应包括以下内容：

（1）市场机构和营销渠道的选择。

（2）营销队伍和管理。

（3）促销计划和广告策略。

（4）价格决策。

对创业企业来说，由于产品和企业的知名度低，很难进入其他企业已经稳定的销售渠道中去，因此企业不得不暂时采取高成本、低效益的营销战略，如上门推销、大打商品广告、向批发商和零售商让利或交给任何愿意经销本企业产品的企业去销售。

6．制造计划

创业计划书中的生产制造计划应包括以下内容：产品制造和技术设备现状、新产品投产计划、技术提升和设备更新要求、质量控制和质量改进计划。

在寻求资金的过程中，为了增大企业在投资前的评估价值，风险企业家应尽量使生产制造计划更加详细、可靠。一般，生产制造计划应回答以下问题：

（1）企业生产制造所需的厂房、设备情况如何？

（2）怎样保证新产品在进入规模生产时的稳定性和可靠性？

（3）设备的引进和安装情况，谁是供应商？

（4）生产线的设计与产品组装是怎样的？

（5）供货者的前置期和资源的需求量。

（6）生产周期标准的制定及生产作业计划的编制。

（7）物料需求计划及其保证措施。

（8）质量控制方法。

（9）相关的其他问题。

7. 财务规划

财务规划需要花费较多的精力来做具体分析，包括现金流量表、资产负债表及损益表的编制。流动资金是企业的生命线，因此企业在初创或扩张时，对流动资金需要有预先的周详计划并进行过程中的严格控制；损益表反映的是企业的赢利状况，是企业在一段时间运作后的经营结果；资产负债表则反映在某一时刻的企业状况，投资者可以用资产负债表中的数据得到比率指标来衡量企业的经营状况及可能的投资回报率。

财务规划一般包括以下内容：

（1）创业计划书的条件假设。

（2）预计的资产负债表。

（3）预计的损益表。

（4）现金收支分析。

（5）资金的来源和使用。

可以这样说，一份创业计划书概括地提出了在筹资过程中风险企业家需做的事情，而财务规划则是对创业计划书的支持和说明。因此，一份好的财务规划对评估风险企业所需的资金数量、提高风险企业取得资金的可能性是十分关键的。

着眼于一项新技术或创新产品的创业企业不可能参考现有市场的数据、价格和营销方式。因此，它要自己预测所进入市场的速度和可能获得的纯利，并把其设想、管理队伍和财务模型推销给投资者。

企业的财务规划应保证和创业计划书的假设相一致。要完成财务规划，必须明确下列问题：

（1）产品在每一个期间的发出量有多大？

（2）什么时候开始产品线扩张？

（3）每件产品的生产费用是多少？

（4）每件产品的定价是多少？

（5）使用什么分销渠道，所预期的成本和利润是多少？

（6）需要雇佣哪几种类型的人？

（7）雇佣何时开始，工资预算是多少？

（二）创业计划书撰写中应注意的问题

创业计划书吸引投资人的功能作用决定了写计划书要尽可能迎合投资者的口味，而不能用灌输、说服的方式。写创业计划书的思路应该侧重于对营销策略、市场规模、团队组成、风险因素、财务预测等问题的阐述，把创业者的创业信心和对未来的把握传递给投资人。为了实现这一目的，现实中的创业计划书多数都是靠人“做”出来的。为了提高计划书的可信度和影响力，需要重视以下两个方面的问题。

1．注意避免的问题

在创业计划书撰写中，要注意避免出现以下可能导致失败的因素：计划目标界定不明或难以衡量目标执行的情况；对经营困难预计不足；缺乏定期评审考核；缺乏落实计划目标的承诺；固执原有计划，刻舟求剑；不能学习和总结经验等。

2．要认真修改完善

创业计划书中的各个方面都会对筹资的成功与否产生影响。在创业计划书写完之后，最好认真地检查几遍。检查时可着重于以下问题：创业计划书是否显示出你具有管理公司的经验；是否显示了你有能力偿还借款；是否显示出你已经进行过完整的市场分析；是否容易被投资者所领会；是否有计划摘要并放在了最前面；是否在文法上全部正确；是否打消了投资者对产品或服务的疑虑等。

第五章

创业教育体制机制研究

第一节　创业教育与教育制度创新

我国高等教育已从精英教育进入大众化教育，高等教育规模突破2300万，居世界第一，高等教育毛入学率超过21%，大学生就业形势日趋严峻，引起全社会的广泛关注。如何进一步推进教育制度创新，创新大学生的就业择业观念，提升大学生应对压力的综合素质和就业能力，加快创业人才培养，提高大学生的核心竞争力，在我国大学生实施创业教育中是十分必要的。

一、教育制度创新是实现我国高等教育可持续发展的关键

教育制度包括教学管理制度、招生就业制度、人事分配制度、后勤保障制度、质量评价制度和内部运行机制等，是加快我国高等教育可持续发展的制度保证。教育制度创新是全方位、立体式的系统工程，应分层次、有步骤地推进，每一层次都有其自身的客观规律，必须进行深入分析研究，以便有针对性地采取对策。

（一）在教育制度创新的宏观层次

在经费投入制度、教育管理体制和考试选拔制度等方面，国家一直没有停止改革和探索。就经费投入制度而言，国家建立健全教育法律法规，切实保证教育事业经费的必要投入，同时鼓励多渠道筹措教育经费，保证科教兴国与人才强国战略及建设创新型国家的需要。在教育体制方面，早在1985年就开始实行地方为主、分级管理的高等教育管理体制，20世纪90年代中后期高等院校布局的结构重组、资源整合，推进“211”工程、“985”建设工程，同时我国高等教育的结构、效益、规模、质量也在不断适应社会主义市场经济体制。在考试选拔制度方面，从全国统一高考到各省市单独命题，发展到部分高校自主招生试点，考试选拔制度日趋人性化、多样化、规范化。

（二）在教育制度创新的中观层次

主要针对地方各级教育主管部门，需要解决的是进一步转变教育观念，加强管理，提高服务，将办学权真正落实到各级各类高校。有些地方教育主管部门，长官意识严重，将人、财、物管得过严，控制得过死，尤其是沿袭传统的教育评价机制，严重制约高校办学的积极性、主动性、创造性。应从全面贯彻国家教育方针的战略高度，落实科学发展观，充分调动校长以法治校、以德治校，真正行使学校改革、发展与管理的统筹权、决定权。全国第三次教育工作会议之后，高等教育的迅猛发展迫使教育主管部门重新审视教育制度存在的弊端，如举办高职高专教育全部交由省级统筹，开始尝试部分省市的春季高考，各省市3+X综合能力考试个性化等。

（三）在教育制度创新的微观层次

涉及高校和所有教职员工，教育制度创新为各级教育主管部门营造良好的教育发展环境固然十分重要，但教育制度创新的重点应真正坚持以人为本，落实到学校和每一名教师。在人事分配制度方面，竞争上岗、全员聘任、公开选拔、优质优酬制度可激励人们提升素质、迎接挑战，在全社会营造了一种积极向上、锐意进取的制度氛围。学校对推进教育制度创新有不可推卸的责任，通过加强管理制度建设、塑造校园文化、培育大学精神，形成有利于创业人才脱颖而出的机制和体制。每一名教师要身体力行、率先垂范，自觉执行学校的教学管理制度、评价考核制度、培训进修制度，鼓励发展创新思维，更新教育观念，崇尚学生个性发展和健全人格。

二、实施创业教育必须以教育制度创新为重要保证

积极开展以培养大学生的创业精神和创业能力为基本价值取向的教育实践，创业教育是素质教育的重要组成部分，是素质教育的灵魂和核心，以开发大学生的创业潜能，培养创业素质，促进大学生的全面发展为宗旨，实施创业教育，为全面推进素质教育，深化我国高等教育的改革与发展提供了良好契机。

（一）在当代大学生中实施创业教育的战略定位

第一，实施创业教育，创新大学生的就业和择业观念，提高大学生的就业竞争力，拓宽就业渠道，逐步实现大学生由被动就业转变为自主创业，是破解大

学生就业难题的有效途径；第二，实施创业教育，培养创业素质和创业技能，通过引导创业者创办实业，促进社会财富增长和社会全面进步，积极融入全球化，为实现我国部分地区的率先崛起提供强大的人才支持和智力贡献；第三，实施创业教育，高等院校身体力行“三个代表”重要思想，落实科学发展观，解放思想，实事求是，与时俱进，更新教育观念，迎接高等教育市场化、品牌化、国际化挑战，倡导和推崇创业实现梦想，奋斗成就人生的创业精神，进一步在全社会营造良好的创业氛围和创业环境；第四，实施创业教育，引导大学生积极参与，投身创业实践，提高大学生的创业素养，促进大学生的全面发展，在全面建设小康社会，构建社会主义和谐社会，在新型工业化、农村城镇化和农业产业化梯度转移及经济结构和产业结构升级中给创业者提供商机，逐步培育一批中小企业创业者，为我国经济社会的可持续发展积蓄力量；第五，实施创业教育，对进一步深化我国高等教育的改革与发展，创新人才培养模式，提高大学生的核心竞争力，促进我国高等教育的可持续发展具有十分深远的现实意义。

（二）进一步深化对创业教育的再认识

创业教育不仅是教育方法的改革或教育内容的增减，而且是教育功能的重新定位，是带有全局性、结构性的教育革新和教育发展追求，这是一种反映时代精神，以培养创新创业型人才为价值取向的新的教育思想和教育理念，反映了人们对教育本质及其规律认识的不断深化，是对教育活动的价值规范。其特征表现为：第一，创业教育是一种主体性教育。主体性是人的本质特征，人的创新内在潜质存在于人的主体性当中，创业教育就是把学生培养成为社会实践活动的能动的主体。第二，创业教育是一种高层次的素质教育。创业教育是全面推进素质教育的重要突破口，是核心和灵魂。通过创业教育，发展学生的创造思维能力、专业能力、实践能力，培养学生独立学习的品质、开拓精神和创新意识等，是促使应试教育向素质教育转轨的重要举措。第三，创业教育是一种健全人格的教育。创业教育强调以人为本，充分尊重学生身心发展的客观规律和个性特点，注重完善学生健康、健全、完整、统一的人格。第四，创业教育是一种超越式教育。从价值取向上看，创业教育是以追求职业理想与事业成功为价值的“明天教育价值观”，在人文本质上培养出真正超越前人的一代创新式教育，学生不仅能以批判的精神传承人类历史的文明成果，而且能以与时俱进的创造能力发展和丰富人类社会的文明成果，更为重要的是以巨大的创造潜能去超越历史和现实。

（三）实施创业教育需要依托教育制度创新

创业教育是一种综合素质教育，是素质教育中所提倡的创新教育与创造教育在知识经济时代的具体体现。实施创业教育是一项综合改革与系统工程，涉及教育思想、教育内容、教育管理、教育评价等各个方面，适应教育转型期要以教育观念、教育方式、教育内容和管理体制为重点，以教育创新促进创业教育。具体表现为：第一，教育观念的创新。确立科学的人才观与全面发展观，将培养创业型人才作为学校的主要目标，充分调动和开发学生的创业潜质。第二，教育内容创新。按照超前性与新颖性的特点，为学生提供最新的科学文化知识，了解世界的最新动态，抓住机遇，把握当今经济社会发展趋势。第三，教育方法与手段创新。采用启发式、讨论式、互动式教学模式，利用多媒体、计算机网络技术等现代教育手段，推动学生创业能力的培养。第四，教育评价机制创新。在教育教学质量评价体系中充分发挥学生的主体性和教学督导的权威性，在考试选拔制度改革中要因材施教、公平公正、科学规范。第五，师资队伍创新。高校的教师要不断提高自身创业素质，尤其是注重培养创新思维和创业能力。第六，管理体制的创新。真正落实办学自主权，切实让高校发挥人才培养、科学研究和社会服务的教育职能，给予学校宽松的办学环境，建立健全有利于创业人才培养的机制和体制。

三、教育制度创新有利于加快培养我国复合型创业人才

教育制度创新是实施素质教育的关键，而创业教育是推进素质教育的核心和灵魂，培养创业人才，不仅要推进教育制度创新，而且要全面实施创业教育。通过创业教育培养学生的创业能力，创业能力是一种求新思变、锐意进取、追求卓越的精神和品质，体现的是一种非智力特征和综合素质。

（一）解放思想，更新观念，坚持以人为本，牢固树立和落实科学发展观，推进创业人才培养工程，构建创业人才脱颖而出的机制与体制

为了培养和造就适应知识经济时代需要的创业人才，应提供创业人才培养的基本条件和成才环境，以“三个代表”重要思想为指导，确立以创新创业为核心的教育发展观，学习和借鉴国内外先进的创业教育经验，构建以培养大学生的

创业精神和创业人才为基本价值目标的教育内容和思维方式。为了实现创业人才培养目标，学校必须进行全方位的改革与创新：从教育思想和观念的更新到人才培养模式的创新，从课程教材内容改革到教学方法与手段的创新，从学生评价、质量考核到学生心理健康教育的全面推进。坚持一切以学生为本，促进大学生的全面发展，人才评价体系应发挥学生的主体性和创造性，以培养学生的创业能力为重点，具体落实到学校管理方面，应适应我国高等教育国际化、市场化、大众化、品牌化发展要求，打造教育品牌，形成健康文明、宽松和谐、务实高效、激励上进的大学精神和校园文化，建设优良的学风和校风，为创业人才的培养营造宽松的环境和浓厚的氛围。

（二）优化教育资源配置，加强创业教育研究，创新复合型创业人才培养模式

探索培养宽口径、厚基础、综合性和国际化的创业人才培养模式，形成以通识教育为基础的学科、专业教育，使学生的知识、能力和素质协调发展，科学精神和人文素养有机融合，改革现有的专业教育课程体系，优化学生的知识结构，实现知识与技能、过程与方法、情感态度与价值理念的有机统一；通过教学内容、教学方法与人才评价机制创新，进一步加强学生的主体性和开拓性。开展大学生创业教育实践活动，要形成健全的机制，加快教育教学改革，开设创业教育课程模块，配备必要的师资，投入一定的经费，实施全面考核。要将创业课程、创业论坛、创业实践活动有机整合，形成创业教育的立体网络，实施创业教育的内容包括创业风险、创业心理、创业技巧、创业能力、创业理论、创业指导、创业法律法规等，逐步将大学生创业教育规范化、系统化和制度化。社会应提供创业政策、融资和技术支持。利用课堂教学主渠道，掌握科学文化素养，提高学生的创业能力，参加第二课堂活动，组织大学生创业论坛，并利用网络资源学习成功的创业案例，参加全国大学生“挑战杯”创业设计大赛、营销策划大赛、青年创业大赛、电子商务大赛、广告创意大赛等，积极投入创业实践活动，整合第一课堂与第二课堂的教育资源，让大学生在创业实践活动中了解创业，在创业实践中增长创业才能。

（三）统筹兼顾，协调发展，形成支持和激励创业合力，各级政府制定优惠政策，创造优化和激励大学生自主创业的制度环境和政务环境

创业教育的目标是要让大学生具备创业技能，积极参与创业实践活动。近几年各地纷纷建立工业园、留学生创业园、大学科技园，但缺乏创建如美国硅谷性质的大学生创业园区。可推广上海、天津等地的做法，将大学生就业创业纳入全社会就业创业的系统工程，让大学生在创业方面享受必要的优惠政策，创业风险投资由政府提供担保，青年创业基金支持和引导有创业愿望和创业能力的大学生创业，建立有关专家的决策咨询与技术指导制度，帮助大学生解决创业管理中的项目选择、市场论证、营销管理等问题。国外研究表明，创业风险投资机制的有效运行，是科技型企业创业成功的关键，大学生创业科技含量高，在建立政府和社会支持创业体系方面，应大胆尝试新的投融资机制，通过发挥地方商业银行的金融服务职能，为大学生的创业实践活动提供必要的金融支持与服务。

（四）正确引导，强化服务，进一步加大对大学生创业培训、创业教育、创业实践扶持的工作力度，构建完善健全的大学生创业教育体系

要构建现代国民教育体系和终身教育体系，建立学习型社会，全面推进素质教育，增强我国国民的就业能力、创新能力、创业能力，努力将我国巨大的人口压力转化为人力资源优势。从系统论的观点分析，大学生、下岗工人、农村剩余劳动力的创业教育是我国国民教育大体系中相辅相成的子系统，只有三个子系统有序协调和均衡发展，才能提高整个社会资源的配置效率，产生巨大的经济效益和社会效益。全社会在对待下岗工人就业和创业方面投入力度较大，成效也很显著，但在鼓励大学生创业和现代农民自主创业方面略显单薄，各级政府应统筹兼顾、科学规划、规范管理，系统地搭建高素质大学生和农村剩余劳动力创业培训的平台和载体，加强创业就业服务指导，建立与社会主义市场经济相适应的完善的创业培训和创业开发支持系统，构建完善健全的大学生创业教育体系，培养大批创业型复合人才，共同构筑人才高地，实施科教兴国和人才强国战略，全面建设小康社会，构建社会主义和谐社会，促进我国经济社会的全面、协调、可持续发展。

第二节 创业教育体系研究

一、当今世界大学生创业教育体系的特点

（一）国外大学生创业教育起步比较早，重视程度高

美国是创业教育最为完善的国家，其创业教育体系堪称“一条龙服务”。从小学到研究生，都普遍开设创业教育课程，开设相关课程的大学更是有500余所之多。其中，百森学院、哈佛商学院、斯坦福大学等更是该领域的领跑者。其创业课程不但有十几门之多，还很重视学生的实践。通过设立创业种子基金，为有志于创业的学生提供5000美元到20000美元之间不等的创业基金，让学生们能够组成团队，在教师指导下，模拟开办新公司。

除了美国，其他各国也十分重视创业教育。1994年，日本高校将“产业社会与人”作为学生的必修创业课程，倡导创业教育；1998年，德国宣称其后5~10年的每届毕业生中要有20%~30%的人独立创业；英国1999年11月宣布，将投资7000万英镑来鼓励创业；而法国就开展了诸如“在中学里办企业”“教中学生办企业”等活动。

（二）国外大学生创业教育实践性强，成效较好

许多发达国家鼓励创新，推崇创业，如巴斯夫公司等全球知名跨国公司最初也就是从一个个小作坊开始创业的。研究和实践表明，训练可以有效地培养创业家。因此，自1980年开始，创业的课程和培训项目便持续、迅速地增长。作为创业成功率较高的国家，瑞典从1984年开始创业服务，主要由政府明确创业扶持对象，提供免费培训，创业人制订创业计划书，政府严格审查创业计划并提供政策扶持；英国则提供发展债券式的启动金资助大学生大胆创业。

德国政府和金融研究机构联合在学校开设创业课程，让同学们接触和熟悉企业管理及经营知识。在德国经济研究所发起的“青年企业家”项目中，同学们

可以在学校的指导下创建微型公司，这些公司和正规公司一样被置于市场环境中运行。据悉，德国50%以上的劳动力就是通过自主创业实现就业的。美国有很多高校开展了创业教育。他们设立本科和研究生创业管理专业，建立创业活动中心、创业教育研究会等，并为创业者提供短期创业培训。创业活动中心还与社会建立广泛的联系渠道，成立大学科技园、风险投资机构、创业资质评估机构等，形成了高校、社区、企业良性互动的创业教育系统。

同时，高校还加强与基金会、创业协会的联合，建立了创新教育联盟，并设定了创业教育的标准。霍华德大学、罗切斯特大学等八所大学在考夫曼基金会的赞助下，面向全校学生开设了一系列以创业为主题的课程；而伦敦商学院与巴布森学院则与考夫曼基金成立了合作组织（GEM），帮助有创业意向的同学开展商业计划实践活动，取得了良好效果。在这一系列的教育计划中，斯坦福大学科技创业计划（STVP）为典型代表。STVP主要致力于加快高科技创业的教育及高科技企业的科学研究，为培养大学生今后能在工业界、学术界及社交界担任领导职位而量身定做。它不仅通过课程拓展和专项课程等方式培训学生，同时还拥有自己的科研队伍，通过学术研究及鼓励学术作品的发表而培养了很多本领域博士。目前，STVP的博士毕业生已成为各国际顶尖大学的教员。该计划的课程中涵盖科技创业简介、技术投资管理、全球企业市场、科技公司战略、技术投资形成、组织行为管理、企业财务、创新与创造商业谈判等内容，同时也会定期组织创业大师与同学们进行研讨。

斯坦福大学每年为该计划配了25名专业指导教师，每学年在读学生2000人。STVP现在美国、亚洲、欧洲及拉丁美洲等国家和地区都建立了拉美创业教育协会（REE）。从1970年到2016年，美国开设创业课程的大学数量从16所上升到1600多所，斯坦福大学开设创业课程的工程类专业数从1990年的1个增加到2016年的25个，斯坦福大学从专利中获得的收入也由1969年的5万美元上涨到2016年的4540万美元。可以说STVP计划为学生们提供了可以驾驭他们创业热情并引导他们发挥创业智慧的丰富知识的广阔空间。

（三）国外大学生创业教育的支持政策多，创业教育途径和手段丰富

国外对创业和创业教育有一个逐渐深入认识的过程，一些发达国家已经形成了一套相对成熟的创业教育和创业支持体系。尽管各国对创业教育的概念

和内涵仍然存在着分歧和争论，但从学者的研究和各国开展的创业教育实践来看，创业教育包含三层目标：第一层是通过学习了解创业（Learn to Understand Entrepreneurship）；第二层是通过学习成为具有创业品质、精神和能力的人（Learn to Become An Entrepreneurial）；第三层是通过学习成为经营企业的创业家（Learn to Become An Entrepreneur）。各国围绕着创业教育的这三层目标纷纷采取了相应的政策措施。

1983年，美国奥斯汀得州大学举办的首届大学生创业竞赛（商业计划竞赛）拉开了大学生创业活动的帷幕。这项比赛的举办使高校开始认识到创业教育既是一种教育理念，也是一种教育实践，并开始以战略性的创业教育理念指导具体的教育改革活动。此后，包括麻省理工学院、斯坦福大学等世界一流大学在内的十多所大学，每年都举办这一类的竞赛，并逐渐推广至世界其他国家的大学。英国政府1998年启动大学生创业项目（The Graduate Enterprise Programme），该项目是专门为18～25岁在校大学生设计的。项目分两部分内容：一是开办公司。学生自己设计商业构思，组建创业团队，筹集资金，开拓市场，开发产品或提供服务，从而获得创建企业整个过程的经验。在开办企业过程中学生可得到志愿企业顾问和创业导师的咨询指导。二是创业课堂。课堂通常为半天或一天的研讨班，学生与企业家聚集一堂，听创业者演讲，参与一些活动和讨论，获得与创业者进行面对面交流的机会。2016/2017年度参与此项目的大学生有13154人，比上一年度增加了3000人；参与该项目的高校从第一年的17所增加到60多所，从中产生了很多大学生创办的企业。1998年，日本国会通过了《大学技术转移促进法》，在高校倡导创业教育，随后从大学到国家层次的各种创业竞赛方兴未艾，而且通过把创业竞赛中的经验加以总结提炼，融入高校开设的创业教育“综合课程”中，把创业竞赛和课程体系建设较好地结合起来。

（四）国外建立大学生创业教育的组织机构，规范和促进创业教育的发展

法国把创业教育视为增强国家竞争实力的一项重要活动。为此，法国专门成立了创业计划培训中心（CEPAC）。在培训方式上，充分体现个人自主学习、课堂传统教学、生产实习操作、教师个别辅导等多形式的结合。教学内容以最大限度满足学员办企业的需要为出发点。CEPAC要求每位学员从入学开始就要写创业计划书，培训的过程就是创业计划完善的过程。理论培训结束后得到的被

CEPAC认可的创业计划书，可作为学员向政府有关部门、基金会、银行申请贷款的有效依据之一。在学员结束集中培训，开始实施创业计划时，CEPAC一般提供6个月至1年时间的后续扶持。在这一阶段，安排专家对学员进行指导，包括场地选择、布置装饰、贷款申请、财会计算、法律合同等。而且，学员开办企业后，在经营中有问题、有困难也可随时到中心寻求帮助。CEPAC成了这些创业者的家，CEPAC和学员经常互相联系，学员从CEPAC不断得到帮助，CEPAC也通过对学员创业过程的了解掌握新的信息，不断改善培训工作。为推进大学生创业，英国政府拨款建立科学创业中心（UK-SEC），以管理和实施创业教育；后又建立了全国大学生创业委员会（NCGE），全面负责国内的创业教育。

英国科学创业中心是1999年在贸工部的科学创业挑战基金赞助下成立的，当时有8个创业中心，后来发展到13个，涉及英国60多所高校，其任务是将创业融入大学传统教学之中，实现大学文化的革新。每一个创业中心主要在四个领域开展活动：第一，开展创业教育。创业教育以科学和技术专业的学生为主要对象，并将创业学作为辅修课推广到其他专业中，也开设一些非学分的创业课程。第二，加强与产业界的联系。利用企业提升大学的竞争力，让企业为大学提供资金，为大学生创业提供咨询指导，赞助商业计划竞赛等。第三，支持创办企业，并鼓励新企业成长，主要支持大学师生创办的知识衍生型企业。第四，鼓励技术转化。科学创业中心为大学技术转化提供种子基金、天使资本、创业孵化和科学区的服务等。在美国，创业教育已形成了一个有力的组织支撑网络，如美国中小企业管理局（SBA）为准备创业和在创业中的小企业提供低收费甚至免费的技术支援；设在大学内的中小企业发展中心（SBDC）随时为准备创业的个人提供咨询，并通过举办研讨会为创业提供服务；退休主管服务队（SCORE）是一个由具有多年经营和管理经验的退休人员组成的志愿者咨询团，他们通过网络和实地考察为创业者出谋划策、排忧解难，每年参加咨询超过30万次，具有良好的社会声誉。

（五）国外出台各种政策，为创业教育提供资金保障

一般情况下，创业者可以从三种渠道获得创业启动金：一是银行商业贷款；二是小额信贷；三是政府或其他机构的无偿资助。对于没有经验和财产积累的大学生来讲，这三种渠道都很难使用。因此，各国政府为提高国内的创业

水平，提升国家的竞争力，在大学生创业上投入了大量的资金。在英国，青年创业计划针对青年特点，提供发展债券式的创业启动金。这种资助方式不同于银行贷款或者小额信贷，因为青年在申请资助时不需要任何财产抵押和担保，而且手续简便。但它也不是无偿的创业赠款，青年要支付利息（利息通常低于银行利息），并要按规定分期还款。当然，如果青年人确实经营困难或者经营失败，也可以减免或者延期还款。这种独具特色的资助方式在英国取得了较好的效果。在参与创业计划的青年中，创业2～3年内还清贷款的比例为70%（这一比例比风险投资的回报率高）。2011年，英国政府还启动了高等教育创新基金，该基金支持在大学周围建立各种科技网络群，同时还支持各大学内部师生的创业活动，如专利申请与保护、资金启动、公司筹建和市场开发等活动，有力地促进了英国大学智力财产的转化。美国的创业教育得到了社会资金的大力支持，如考夫曼创业流动基金中心、国家独立企业联合会、新墨西哥企业发展中心等机构以提供经费赞助创业大赛、奖励创业教育的优秀学生、开发创业教育课程等方式对创业教育提供资金赞助支持。

（六）国外开展创业教育研究，积极构建完整的创业教育教学体系

随着创业教育扩展到不同层次和不同专业的学生，创业教育面临一个重要的挑战，即如何将创业理念融入大学的核心价值体系，如何将创业整合到大学的其他课程之中，促进教学模式、教学态度和教学方法的改变，构建完整的创业教育教学体系。澳大利亚政府积极实行创业教育课程结构的改革与调整，开发出了四套模块化教材，即综合性介绍类教材、工业类教材、商业发展类教材和远程教育教材。每套教材分别有管理自己和管理他人两个模块：管理自己，即对创业者和经营者个人素质的评估、开发和培训；管理他人，即策划、创建、经营与运行、财经与保险、市场等，可以独立地着重培养学生创业能力的教学模块，即按学生的兴趣和要求选学30~200课时。英国高等教育学会为大学提供创业技能教学的材料，利用学会的各种小组及各个学科中心的工作为高校创业教育提供学术支持。英国高等教育学会在全国发起了“大学生创业技能”计划，目的是在各个专业的本科生课程中嵌入有关创业技能的内容。这个以学科为核心的项目在10个学科中心展开，学会的高级顾问和项目官员做一些协调和支持工作。美国大多数院校都将创业教育作为一个专业领域或研究方向，因而具有完整且成系统的教学

计划和课程结构体系。与传统的商业教育相比，创业教育的适切性源于创办企业的不确定性，因而美国创业教育课程中包含了培养沟通、领导、新产品开发、创造性思维、技术创新等技能的内容及包括创业意识、创业者特质、风险资金的筹集、知识产权等相关知识。创业教育的教学突破课堂的局限，创造出一些实践性强的学习方式，如创业计划、学生创办企业、向企业家咨询、计算机模拟创业、与创业者会面、案例分析、田野实践等。鉴于创业教育对象的扩大，由不同学科的教师组成的团队开发出针对非管理学专业特色和跨学科的创业教育项目。

与其他国家相比，我国的创业教育仍处在起步和探索阶段，但不能否认我国已有的努力和进步。作为联合国教科文组织“创业教育”课题的成员国，我国1991年参加了联合国教科文亚太地区组织的“提高青少年创业能力的教育改革合作项目”。1997年，在西安举行了“小企业创业技能课程开发研讨会”。2001年，我国将创业教育纳入中等职业学校德育课必修内容。2005年4月，教育部确定中国人民大学、清华大学、北京航空航天大学、上海交通大学、武汉大学等九所高校为创业教育试点院校。2013年，把“增强国民的就业能力、创新能力、创业能力”纳入深化教育体制改革的重要目标中。在已有的成就上，我国应借鉴国外成功的创业教育模式，可以从健全政策、提供资金、配备师资等各个方面，从课堂和课外两个层面上来完善我国的创业教育。

二、构建高校创业教育体系的路径选择及对策思考

受国际金融危机的冲击，大学生就业形势日益严峻。鼓励大学生自主创业，实现以创业带动就业，是解决大学生就业难的必要选择。值得关注的是，我国的创业教育相当薄弱，创业教育体系不健全，阻碍了大学生的创业积极性和主动性。构建完善的创业教育体系，培养更多的创业型人才，是社会和经济结构调整人才需求变化的新要求，也是地方高校人才培养目标的新要求。构建地方高校创业教育体系，有利于开展创业教育，提高大学生在社会上的生存能力，缓解大学生就业压力。

（一）在高校大学生中实施创业教育的时代背景和战略意义

在大学生中开展创业教育，拓展了我国高等教育理论研究的新视野和实践探索的新领域，更新教育观念，深化教学改革，推进质量工程，在地方高校实施

创业教育有深厚的时代背景和深远的战略意义。

1. 创业教育是世界高等教育改革与发展的趋势和潮流

为了适应新时期新的挑战和变革的需求，教育和培训必须加强培养学生的创业能力。会议认为，创业能力包括创业态度、创造性和革新能力、把握和创造机会的能力、对承担风险进行计算的能力；懂得基本的企业经营概念，如生产力、成本和自我创业的技能。正在全球兴起的创业教育的主要特点是：从学生实际出发，根据经济社会的发展变化，通过各种教育手段，在教育过程中提高学生发现问题、分析问题和解决问题的能力；强调培养学生的自我意识、参与意识和实干精神，使学生掌握创业技能，以便能在社会生活中随机应变地进行创业活动。伴随着知识经济的来临而萌发的创业教育，正在随着知识经济的发展而成为世界高等教育发展和改革的新趋势。

2. 创业教育对加快我国经济社会又好又快发展具有特殊的重要意义

我国是一个发展中的人力资源大国，就业压力大，如何有效利用丰富的劳动力资源面临着严峻挑战。根据国际经验，在知识经济时代，大学毕业生创办“民营性质”的中小企业，既是毕业生就业的重要渠道，又是发展经济、改善民生、为社会创造就业岗位的重要途径。通过教育部门的努力，培养出越来越多的不同行业的创业者，就可以为社会创造更多的就业机会，对维护社会稳定和构建和谐社会发挥重大的作用。社会呼唤高素质的创业者，地方高校不但要继续成为工程师的摇篮、工商管理人员的摇篮，也应该成为企业家的摇篮。创业教育是社会经济发展对高等教育的客观要求。在我国持续稳定发展的社会主义现代化建设事业、巨大的市场、无数等待开发的领域，蕴藏着无穷的商业机会，为大学生自主创业提供了无限广阔的天地。

3. 创业教育是创新人才培养模式和加快我国高等教育体制改革及机制创新的必然选择

时代发生着巨大的变化，教育思想和教育观念也要与时俱进，社会主义市场经济要求高校培养的人才具有创造性，他们应当是高效率的交际者、协商者、影响者和管理者，勇于承担社会责任；应该是积极的、有信心的、有目的性的，而不是被动的、疑惑不决的、依附他人的。这些素质的培养，正是创业教育的着力点所在。通过创业教育，挖掘创业潜能，摆脱依赖心态，培养新一代大学生勤奋进取、开拓创新的个性。创业教育是改变就业教育的思维模式，让大学生有意识和有能力创造属于自己的产业或社会新的产业，使毕业生不仅是求职者，而且成为工作岗位的创造者。就业教育与创业教育是高校在探寻满足不同社会发展需要的途径与方法过程中的产物。它们既是两种不同的人才培养模式，也是两种不同的教育质量观。前者以填补现有的、显见的就业岗位为价值取向，后者以创造性就业和创造新的岗位为目的。

4. 创业教育是地方高校为我国区域经济社会发展培养大批创业型人才的必然要求

随着中国加入WTO，大学生就业岗位、就业方式多元化的趋势进一步加剧，人才竞争更加激烈。地方高校培养人才是为社会主义市场经济服务的，市场经济的重要特征是竞争，中华民族要在世界竞争中立于不败之地，必须培养具有开创性的个体和群体，从而建构和塑造中华民族的开创性品格，以适应多变的国际环境和应对未来世界的挑战。知识经济时代，高科技产业的发展状况是一个国家国际竞争力的主要决定因素，地方高校应把培养具有创业意识、创业心理、创业能力的创业型人才放在首位，从科教兴国和人才强国战略高度来认识创业教育的重要性。转变经济发展方式对传统工作岗位已造成冲击，未来工作岗位将越来越脱离传统模式和要求，更多潜在的或前人未涉足的新岗位会不断涌现，而未来的新岗位必须由具有创业意识和创业能力的人才来开拓。培养更多高素质的创业型人才，才能使中国特色的社会主义事业在更高层次和更广的领域直接面对全球技术、信息和资本市场的竞争。

5. 创业教育是加快我国高等教育跨越式发展、实现高等教育大众化的客观要求

为迎接知识经济的挑战，高等教育必须加快大众化进程。实现高等教育大众化面临的困难很多，其中毕业生就业问题尤为突出。有关人士预计：未来十年的失业者将主要是大学毕业生。如果大学生只会等待就业机会的来临，而不去积极创业和开拓事业，将会造成智力资源的巨大浪费，会延缓高等教育大众化进程。地方高校为社会输送的大量毕业生如不能顺利就业，将严重制约高等教育的发展，阻碍我国高等教育由精英教育向大众化教育阶段转型的步伐。创业教育就是要改变就业教育思维模式，使高校毕业生不仅是求职者，而且是岗位的创造

者。以创造性就业和创造新的就业岗位为目的的创业教育，是实现我国高等教育大众化的必然选择。

（二）高校创业教育的科学内涵与基本特征

创业教育是一个系统工程，必须在基础教育、职业教育和高等教育领域中循序渐进，协同推行，创业意识、创业精神、创业素质和创业能力的培养要齐头并进，要从四个方面开展创业教育：一是开展基础教育领域内的创业教育，以培养创业意识与创业志向为主要目的。小学阶段讲授创业者的经历，使小学生从小接受创业者的熏陶；中学阶段讲授市场经济的基础知识，培养学生的市场意识。二是普及高等教育领域内的创业知识教育，大学阶段以培养创业型、实用型人才为主，系统学习创业知识。三是研究生阶段主要培养高科技创业型人才和创业研究型人才。四是推进高等教育阶段的创业实践教育，以促进创业理念、创业知识与创业实践的结合为目的。虽然创业教育在一些高校的大学生中开始发挥作用，但目前我国的创业教育还很滞后，必须将创业教育纳入国民教育和终身教育体系中，才能培养出一代又一代创业型人才。

培养大学生的创新素质、创业能力，就是培养大学生对社会主义市场经济的适应能力和竞争能力。应着重推进四个方面的教育改革：一是以国际化视野为大学生构造一个既符合国际化规则又体现社会主义市场经济特色的创业教育课程体系，加强大学生企业家精神、创新素质和创业能力的训练。二是由过去的知识掌握型学习转变到提高学生的知识学习能力上。知识学习能力是学习动力、毅力和能力三大要素的整合。学生在校期间掌握先进的科学文化知识是必要的，但更为重要的是为自己的终身学习提供一个能力基础。三是提倡学生的“选择性学习”和“个性化学习”，高校应当在提供优质教育教学资源上下功夫，而不是用一种固定的模式去培养所有的学生。四是以研究性学习取代灌输式学习，充分挖掘和展示大学生的潜力素质，培养学生自觉成才的浓厚兴趣和强烈进取心。

1. 创业教育目标的多元性

高校创业教育的目标本质上应是培育具有创业意识、创业能力和创业个性特质的“设定创业遗传代码”，造就“最具革命性的创业一代”的创业素质教育。既有以创业促进就业，缓解大学生就业压力的“功利性”目的，更有培养适应知识经济时代的具有企业家独立性、开创性个性的，无论对工资形式就业还是自我谋职都同等重要的创业型人才的目标。

2. 创业教育内容的综合性

创业教育内容应与专业教育的内容和“思政教育”互相渗透，既有传授创业知识、创业技能等工商管理为主要内容的创业教育模块课程，又有渗透在“思政教育”中的主体意识、风险意识、合作意识、诚信意识和实干意识等的创业精神培养。在专业课中渗透创业能力的培养，提升解决产品或服务等问题的创业能力。

3. 创业教育方式的探究性

在创业教育目标的导向下，选择有效的教学方式和培养模式。探究性教学方式是区别以教材为本，以教师为中心的传承性教学方式，强调在教学过程中让学生成为主体要素，成为教学过程的参与者和探究者。强化学生的主体意识和发挥主观能动作用，教学成为各教学要素相互之间持续互动的动态过程。

4. 创业教育队伍的整合性

创业教育的目标内容要求创业教育的师资队伍必须由高校既有理论又有一定实践经验的“双师型”教师，掌握创业教育规律的创业管理专家、行业专家，工商、税务、银行等方面的政策咨询专家和成功创业的创业者组成，创业教育的复杂性要求整合高校、政府和社会的多方人力资源。

（三）我国创业教育体系存在的主要问题

中国的创业教育还处于启动或萌芽状态的落后局面令人担忧。专家认为，中国推动创业教育，还处在一种为大学生就业找出路的阶段，还没有提高到国家经济发展“驱动力”的战略高度，尚未将创业教育纳入国民教育体系。而在现有的创业教育试点中，其教学模式也往往局限于知识传授型，没有给学生足够的实践机会和发展空间，地方高校目前的创业教育存在诸多不足，突出表现在以下方面。

1. 创业教育与学科专业教育分离

地方高校目前开展的创业教育，由于没有融合于学校整体人才培养体系之中，与学科教育、专业教育的开展并未形成有机联系，是在“正规教育”之外利用课外时间进行的“业余教育”。这一舍本逐末、注重形式的做法使创业教育失去了学科专业这一最有力的依靠，致使创业学子们激情有余而内功不足。

2．创业教育的开展仅局限于少数精英学生，受益面和覆盖面不足

地方高校的创业教育开始于大学生创业设计大赛，自开始就有极强的精英化痕迹。创业教育关注的是少部分人的骄人业绩。高校设立的大学生创业指导与服务机构，无论是大大小小的“创新实验室”“学生创业俱乐部”“创业设计大赛”“创业孵化中心”，还是面向未来的“创业素质拓展训练营”，都是大学精英化的创业教育机构，大部分学生因各方面条件限制而只能成为创业教育袖手旁观的“看客”。

（四）构建高校大学生创业教育体系的路径选择及对策思考

1．创新教育理念，更新教育观念，建立地方高技创业教育的常设机构，健全大学生创业教育组织体系

确立地方高校办学定位和大学生创业教育先进理念，迎接高等教育国际化、市场化、品牌化挑战，树立正确的创业教育观、人才观和质量观，在大学生中进一步培育创业意识和创业精神。地方高校应组建专门的创业教育指导服务管理机构，其主要职责是组织和统筹全校教育资源开展创业教育理论研究、创业教育课程开发及实施、对学生创业项目的审查和辅导，与校外创业实践基地的联系与合作、风险投资的争取和管理、对各院（系）开展创业教育的检查和评估等。建立高校创业教育职能机构，是培育创业文化、创新创业教育制度与运行机制的重要途径为提高创业型人才培养质量提供组织保障。

2．实施创业教育，精心打造一支富有创业精神和创业素质的专兼职创业师资队伍，构建创业教育师资保障体系

鉴于地方高校的办学条件和所处的发展环境，可以聘请政府高官、创业成功人士、企业家、投资家定期或不定期到学校演讲，开设大学生创业论坛，聘请他们担任高校创业教育兼职指导教师，探索高校创业教育师资多元化道路。优化高校创业教育师资的学位、职称结构与数量，培养创业学科带头人和中青年骨干教师，提高外聘“创业型”兼职教师结构与素质。创业师资是创业教育教学工作的核心资源，教师是主导，创业师资是实施创业教育的关键因素。优化人才培养目标，过去高等教育的培养目标比较注重知识的掌握和技能的训练，强调人才对现实社会的被动适应，要求学生对外部环境做出自我调整，较少考虑如何充分发挥学生的主观能动性和创造潜能。树立新的人才观，化解就业矛盾，否则受制约

的不仅仅是经济、文化的发展，高等教育自身的可持续发展也将受到严重制约。根据我国经济社会发展的客观要求，适时调整高等教育人才培养目标是实现创业教育的先导性措施。

3. 创新人才培养模式，建构体现创业精神和创业素养的创业型人才培养体系、学科专业体系和课程体系

将先进创业教育理念融入专业人才培养方案，改革高校课程体系，构建具有创业教育特质的课程模块。创业教育目标要通过课程改革核心环节来实现，作为创业教育系统工程的枢纽和核心，课程改革决定培养目标的实现程度，决定着地方高校的生存空间和发展价值。创业教育课程应突出创业品质特征，开设“创业学概论”“创业管理”“创业企业设计和研发”“创业理论与实务”“创业心理和技能”“市场经济”“经营管理”“公关和交往”“法律和税收”等与创业相关的课程。创业课程结构要形成学科课程、活动课程、隐性课程相结合，必修课、选修课相统一。完善人才培养体系是实施创业教育的关键，不在于学生有无创造潜力，而在于高校是否具有创造性，在于高校的教师、科研与管理人员是否有创造性思维，能否为学生的创造活动提供精神土壤。优化创业课程体系，实施从“刚性”向“柔性”的课程改革，是当今世界高等教育改革的重点方向，也是完善创业教育知识结构的关键。创业者的知识结构分为三种类型：专业技术知识、经营管理知识、综合性知识。在创业教育中加强专业学科与其他学科课程的交叉融合，在系统掌握本学科专业技术知识的基础上，开设经济学、管理学、社会学、法学、艺术学及外语、计算机等课程，拓宽学生知识面，加强学生的文化底蕴；加大选修课的比例，增强课程的选择性与弹性，拓宽学生自主选择的空间，激发学生的学习兴趣；将原在毕业前进行的就业指导设置为贯通四年全过程的创业指导系列课，以必修或选修课的形式，侧重创业综合性知识的传授，让学生获取创业知识。

4. 坚持以人为本，完善提升创业精神和创业素质的校园文化活动载体和专业实践平台，加强创业实践基地建设，构建大学生创业教育实践体系

创业教育实践体系是培养创业人才不可或缺的举措。地方高校应加强实践教学，鼓励知名教授、硕博士生导师担任实验中心主任或开放实验室主任；鼓励硕博士研究生参加实践教学研究；选拔高层次人才，充实实验教学师资及管理队

伍；向学生开放基础实验室和专业实验室，引导学生积极参与科学研究。加大学生创新实践基地和创业孵化基地建设，鼓励大学生开展创业活动。将培养学生的创业精神和创业能力置于教学的中心地位，教育教学活动围绕培养创业精神、创业能力来开展，引导学生掌握创业基本知识、基本理论和基本方法，采用案例式教学、互动式讨论、模拟式体验、第一课堂与第二课堂对接等方式，体现创业教育的规律、思维和方法，培养创业素质，拓宽创业思路，挖掘创业潜能，组织参加全国大学生“挑战杯”科技作品大赛、营销策划大赛、创业设计大赛、物流设计大赛、广告创意大赛等，整合第一课堂与第二课堂教育资源，让大学生在创业实践活动中了解创业，在创业中增长才干。我国高等教育一直存在重理论轻实践、重知识传授轻能力培养的问题，培养的人才缺乏严谨的科研训练，创新意识和创业能力不强，与社会对人才的要求有一定差距。通过以学生自主性活动为主的实践体验，把课堂教学和课外实践活动结合起来，引导大学生积极参加科研实践和专业竞赛，提高大学生创新能力、科研能力、协调沟通能力、合作能力。创业实践教学既要加强教学计划内的实践环节，要加强教学计划外的实践活动；既可以加强专业内的实践，如专业实习等，还要加强专业外的实践；既要注重学生的自主参与，还要注重教师的指导；既要在校园内进行，还要走向社会、服务社会、校企合作。创业实践体系是创业教育的重要内容，可使学生进一步巩固知识，激发研究欲望，提高所学知识和技能转化为实际运用的能力，培养情感和意志，塑造人格个性，增强社会责任感，实现创业所需的综合能力的全面提高。

5. 加快教育制度创新与管理创新，建立一套科学评价以创业精神和创业素质的创业型人才培养为主线的考核评价机制，构建创业教育质量保障体系

完善创业型人才培养的目标体系、专业课程体系、教学管理体系、质量监控体系、评价保障体系，健全创业教育的制度执行、过程监控、质量评价、约束激励等保障机制，形成全面与重点评价、学校与社会评价、内部与外部监控相结合的质量监控与保障体系。地方高校创业教育尚处于探索阶段，缺乏切实可行的管理体制和运行机制，更缺少对创业教育的质量评价体系。随着创业教育的开展，相应的质量评价体系和运行机制变得日益重要。质量评价是一种价值判断过程，创业教育质量评价体系是评价主体根据自己的价值观念对高校实施创业教育，对大学生的创业意识、创业技能和创业精神的培养和提高程度及其社会价值

做出科学理性判断的过程。质量评价体系应包括确定评价方法、制定评价标准、实施评价方法和对评价结果做出反应，形成创业型人才的目标模式、课程模式、实践模式和管理模式，建立创业型人才脱颖而出的管理体系与运行机制。完全学分制是西方发达国家高校普遍实行的富有“弹性”的创业管理制度，如美国加州理工大学在实行完全学分制的过程中，允许学生在导师指导下自行设立学习方案；法国巴黎高等师范学校则更加灵活，要求学生遵守的纪律只有一条，那就是自由：学生自由选择专业、拟订学习计划。完全学分制为学有余力的学生创造了提前毕业的机会，对创业或参与科研开发的学生，允许其延长在校时间，最长期限为八年。推行完全学分制的教育教学模式，有利于学生自主创业意识、责任意识和探索精神的培养。

6. 不断探索和建立健全创业组织、创业实施、创业融资、创业管理的跟踪辅导服务机制，健全大学生创业教育服务体系

加快产学研一体化进程，大学生要实现从学习者到创业者的转变，绝非是在校学习期间所能完成的，中间还有许多重要的环节。大学生创业之所以失败，问题不是缺乏创业意识与职业技能，而是在成果转化和产品研发方面经验不足。必须将大学教育与科学研究、创业开发紧密结合起来，为大学生自主创业搭建平台。增强创业能力是核心，大学生就业困难，表面看是社会经济发展需求和产业结构不合理导致的，实际上反映了高等教育内部人才培养质量有问题，需要在教育思想、方法和人才培养模式等方面进行改革，以提高大学生的创业能力。树立终身教育和素质教育理念，避免本科教育教学内容偏窄、偏专、偏深的倾向，加强大学通识教育，培养学生能够适应社会发展变化需要，不断学习和更新知识的能力。首先，在学科教育中渗透创业教育，培养学生的创业能力。在长期的高校发展中，已经形成了完整的学科专业体系，门类众多、领域广泛，每门学科都蕴涵着丰富的创业教育内容，在学科教育中渗透创业教育，是培养学生创业素质，提高学生创业能力的有效途径。根据创业教育的目标和内容来确定课程内容，侧重创业社会知识、专业技能知识、经营管理知识、学习知识、生活知识、职业知识等内容的渗透。其次，加强创业实践教学建设，提高学生的创业实践能力。学科课程与实践活动课程构成现代大学课程的两大体系，在创业教育中，学科课程在保证学生获取系统的创业基础知识方面发挥着主导作用，实践活动课程在学生

获取综合性应用知识方面发挥着主动性、创造性作用。实践活动课程注重学生综合获取运用知识能力的培养，完善创业者的知识构成；多方面模拟训练学生，增强和巩固学生的创业能力和技能，培养学生良好的个性，发展学生的创造力。

7. 弘扬创业精神，培养创业文化，建立健全创业人才培养的激励约束机制，构建高校创业教育政策扶持体系

创业教育的重点是培养大学生创业意识。首先，教育和引导大学生培养创新意识和创业精神，凭借知识、智慧和胆识去开创、发挥个人所擅长的事业。通过自主创业成功的先进典型，引导大学生增强自主创业的信心和勇气，鼓励和扶植更多具备自主创业条件的大学生脱颖而出。其次，教育和引导学生全面理解创业精神的深刻含义，培养高素质的创业人才是我国高等教育一种全新的教育模式。自主创业既不是头脑发热的“下海”，也不是普通的专业竞赛或科研设计，而是学生结合专业特长，根据市场前景和社会需求拿出自己的创新成果，并把研究成果转化为产品，创造出可观的经济效益，由知识的拥有者变为为社会创造财富、做出贡献的创业者。创业是一种精神，是一种意识，是一种素质；创业不是个人行为，是合作和表率；创业不是牟取私利，是奉献与无私。创业者是坚定的爱国者，是富有激情的实践者，是艰苦创业的实干家。再次，创造和优化激励大学生自主创业的制度环境和政务环境，营造宽松的创业环境、良好的育人环境和创业文化氛围，为创业教育提供适宜气候和肥沃土壤。罗杰斯认为，至少有两个条件对于创造性活动是必要的，那就是“心理安全”和“心理自由”。打造自由、宽松、和谐的创业氛围和环境，是我国高校开展创业教育的基本前提。深化学生管理体制改革和运行模式创新，努力探索“管严”与“管活”的新路径，给学生更多的自主创业的空间和时间。培育创业文化，优化校园育人环境，加大创业教育的舆论宣传，使学生在耳濡目染中自觉接受创业教育并身体力行创业实践，围绕创业教育的主旨开展创业活动。建立健全创业金融服务体系，保证创业教育资金来源，为创业教育提供硬件环境。

第三节　创业支持体系研究

一、创业支持体系机理与创业教育关系之辨

不可否认，随着社会经济的快速发展，各国的创业活动也越来越活跃，学术界对创业的本质研究也逐渐升温。与此同时，世界上很多国家也不同程度地开展了创业教育活动，我国教育界也正在积极探索有中国特色的创业教育模式。但创业教育究竟如何开展？创业教育到底要教学生什么？我们仍然没有一个满意的回答。究其根本原因，我们还没有理清楚创业机理与创业教育内在的逻辑关系，创业与创业教育就会容易形成“两张皮”，创业教育常常停留在形式上，难以产生实质性的突破。因此，探索创业机理与创业教育之间的关系，对于我们在全社会大力推进不同形式的创业教育有着重要而深远的意义。

（一）创业机理模型及创业者能力要求分析

1. 创业机理研究简单回顾

张玉利对当前学者关于创业机理的研究总结为两种范式：基于创业机会的研究范式和基于信息与网络体系的研究范式。在第一种研究范式下，人们把创业看成创业者把握商业机会的过程，而发现机会需要创业者有敏锐的视角，把握机会又要求创业者能组织团队、动用各种资源将商业机会变成一个新的业务。第二种研究范式强调，在今天信息高度不对称的社会中，只有那些对信息进行精细投资的创业者，才能产生警觉特性和知识积累，才能抓住和发展市场机会。这一范式也可以探讨创业者是依靠原有网络内的亲戚、朋友，还是依靠网络外部资源；其中哪些信息可以共享，哪些信息是核心资源等。

综合前人的研究，我们认为各种研究范式都有优缺点。基于创业机会的研究一直是主流研究，但这一研究范式忽视了信息转化为知识、知识影响创业决策这一重要过程，因而难以将创业与创业教育联系起来；基于信息与网络体系的研

究则忽视了创业本质上是动用各种资源将商业机会变成一个新的业务过程，这一过程不仅是信息沟通过程，更多的是管理过程。

2．创业机理模型

我们认为创业过程本质上是一个创业者发现机会和把握机会的过程。外部环境的动态变化，使得原有的需求不断萎缩，新的需求在不断产生。而新的需求能否成为一个商业机会，与组织资源密切相关。只有组织资源基本与需求相匹配时，这种需求才可能转化为商业机会。面对商业机会，创业者要做出决策，到底要不要抓住机会，这是创业过程中最为关键的一环。创业决策是一个非常复杂的计算和判断过程，包括对商业机会理性的分析与把握，对风险的认识与规避，对资源最合理的利用和配置等。创业决策与创业者素质、性格特性有着密切的关系，超强的风险意识、独立精神是创业者必备的素质要求，创业教育的重要功能就是通过各种手段，为创业者灌输各种有助于提高创业者素质的知识。创业者知识学习过程是知识收集、选择、转移、吸收、积累、整合、创新的过程。当创业者决定创业之后，就开始实施计划，将创业机会变成实实在在的赢利业务，这一过程无疑充满挑战，要求创业者有对实际事物的驾驭能力和应变能力。但这些知识很难从书本上获得，只有通过“干中学”积累，有的创业者由于缺乏具体的创业实践锻炼，因而其应变能力和创造性处理事物的能力就比较低，最终导致业务发展失败。创业者可以在失败的基础上总结经验，当新的市场机会出现之后，再次创业，直到创业成功为止。

总之，创业过程是一项非常复杂的活动，包括发现需求、整合资源、创业决策、经营发展业务等一系列活动，这些活动相互联系，动态演化成为创业过程的主体部分。商业机会是创业的驱动力，创业决策是创业的关键，业务发展是创业的主要内容，创业者是核心。

3．创业者能力要求分析

从创业过程模型分析，成功创业需要创业者具备如下几个能力：发现和识别市场需求的能力、整合各种组织资源的能力、迅速反应决策的能力及业务扩展能力。

首先，发现和识别市场需求的能力是创业者进行创业的首要条件。随着社会分工的不断发展，许多大公司经营日益走向专业化，纷纷将一些非核心业务外包给小公司，这为创业者进行创业提供了大量机会。但这些市场机会通常是模糊的、不确定的，只有具有特殊警觉和敏感性的创业者才能从纷繁复杂的信息中识别它、俘获它。因此，创业教育在这一方面可以有“用武之地”。

其次，成功创业离不开整合各种组织资源的能力。创业过程本质上是需求与资源之间匹配的动态过程，如果创业者整合组织资源的能力不强，常常会使得好的商业机会白白流失。不可否认，在整合资源过程中，商业计划是获取外部资源的支持最为重要的手段。

再次，迅速反应决策的能力是成功创业的“惊险的一跳”。当整合后的资源存量足于将需求转变为商业机会时，创业者面临一个重要的决策，到底创不创业？这是一次非常“惊险的一跳”，其过程时间短、涉及因素多而复杂，是一个理性与非理性活动的统一体。创业者既要理性估计创业的成本与价值，又要以大无畏的精神敢于面对困难和承担风险。因此，以企业家精神、挫折、自我实现型人生观教育为主体的创业意识教育是创业教育极其重要的内容。

最后，业务扩展能力是成功创业的关键。创业者一旦将创业计划付诸实践，如果长时间没有业务扩展，企业就没有现金流入，就难以生存下来。

（二）创业者能力要求与创业教育关系

从本质上来说，创业教育就是以提高创业者四种能力为核心的一种教育形式。大学生创业教育三个模块与创业者四种能力之间的关系分别如下：模块之一，就是理论知识或技能教育，包括经营管理基本知识、商业计划写作技能、发现市场需求、评估创业价值、成本与风险技能与知识等教育；模块之二，创业意识教育，创业意识包括学生对创业机会的警觉性和敏感性、创业成就感及企业家精神等；模块之三，创业实践教育。

为了提升创业者发现和识别市场需求的能力，一方面我们可以通过传授关于发现创业机会的技巧，寻找项目途径来完成。例如，我们可以教育学生应该从什么途径去发现创业项目等。另一方面，要不断培养和强化学生对创业机会的警觉性和敏感性。例如，教育学生如何在纷繁的信息中辨识商业机会，评判商业机会等。要提高学生整合各种组织资源的能力，关键要增强创业者编写商业计划及利用商业计划寻求外部资源支持的能力。编写商业计划可以通过学习基本理论知识完成，但寻求外部资源的支持的能力需要学生有良好的沟通、实践能力，只有通过实践操作才能锻炼这一能力。要提高迅速反应决策的能力，需要加强大学生创业的成就感，我们应该树立起“创业者是当代社会的英雄，是民族之精英”的新观念，同时也要着重培养创业者敢于面对风险和困难的心理素质。业务扩展能力的提高一方面要求创业者有丰富的经营管理的理论知识，另一方面要求创业者有创造性应用理论知识实践的能力。前者主要来自书本，后者主要来自实践，两者之间密切相连，从理论到实践，再从实践到理论。通过边干边学，知识不断地产生、吸收、积累、传播、提炼、应用，创业者的业务扩展和经营管理能力不断得到提升。

我们认为，三大创业教育模块是四种创业能力培养的基础，任何一个教育模块的不足都会制约创业者能力的培养。而在这三大教育模块中，创业实践环节又是对创业能力培养最为重要的影响因素，常常处于三大模块核心地位，缺失创业实践环节至少将影响迅速反应决策的能力、组织资源整合能力和业务拓展能力的培养。

（三）大学生创业教育模式探讨

当前，我国高校创业教育有三种模式：一是强调创业教育“重在培养学生创业意识，构建创业所需知识结构，完善学生综合素质”，将第一课堂与第二课堂结合起来开展创业教育。鼓励学生创造性地投身于各种社会实践活动和社会公益活动之中，通过开展创业教育讲座，举办各种竞赛、活动等方式，形成以专业为依托，以项目和社团为组织形式的“创业教育”实践群体。二是以提高学生的创业知识、创业技能为侧重点。其特点是学校进行商业化运作，建立“大学生创业园”，教学生如何创业，并为学生创业提供资金资助及咨询服务。三是实施综合式的创业教育。一方面将“创新教育”作为“创业教育”的基础，在专业知识的传授过程中注重学生基本素质的培养；另一方面，为学生提供创业所需资金和必要的技术咨询。在我国，三种创业教育模式中，以第一种形式居多，第二种模式次之，第三种模式最少。第一种模式重视创业意识和创业知识的培养，轻创业实践活动；第二种模式重实践技能培育，轻创业意识的灌溉；第三种模式是一种综合性创业教育模式。

今天，许多高校已经在课程设置中将创业理论列入必修课，有的院校在推广SYB课程，这使得越来越多的学生接受到创业意识和创业理论知识的教育。但也必须承认，我国大学创业教育中创业实践环节是相当薄弱的，可供大学生创业实践的创业孵化基地或创业科技园的数量远远不能满足广大学生的需求。因此，创业实践环节的不足是当前创业教育最大的症结所在，没有创业实践，创业教育只能停留在形式和表面上，创业教育模块反馈环就会断裂，从而无法将创业教育推向深入。为了推进大学生创业教育向深层次的发展，我们就要把创业实践环节作为创业教育的重中之重，要大力创建大学生创业孵化基地，为学生提供充足的创业实践条件。

二、国外创业支持经验对我国大学生创业支持系统构建的启示

大学生创业教育兴起于20世纪70年代的美国。硅谷大批企业的创立和师生成功的创业有力地刺激和推动了美国经济的发展，创业教育自此受到了前所未有的关注。其他国家在创业教育领域也付出了巨大的努力，都取得了不少成功的经验。这些经验对于我国刚刚起步的大学生创业教育无疑是大有裨益的。目前，制约我国大学生创业的关键因素是创业支持系统不完善。要想尽快提高我国大学生的创业水平，一定要构建高效率的创业支持系统。

（一）创业支持系统的框架

创业是具有创业意识、创业技能和创业资源者发现和捕获创业机会，并由此创造出满足社会需要的产品或服务和实现其潜在价值的过程。由于选择失误、市场疲软、竞争激烈、资本匮乏、管理低下等原因，创业失败的比例相当高。因此，要想吸引更多的大学生加入创业队伍，必须建立能够弱化创业风险的创业支持系统。

创业是人员、资金与项目的有机结合。创业支持系统的构建要从人员、资金与项目这三个方面来构建。人员是指那些有创业意识的人；资金是创业的启动资金；项目是创业的核心内容，是创业人员与创业资金链接的平台。

合适的人员、适量的资金与适宜项目的有机结合需要知识、技能、资金、信息和实施过程的支持，国外实践证明，这些支持都离不开政府的支持，所以，创业支持系统由知识支持系统、资金支持系统和政府支持系统构成。

（二）创业知识支持系统的构建

创业过程中的每一步都需要相关知识的支持。知识系统构建的基本思路是

积极扶持想创业的大学生，从培养创业意识到实现创业，一直到企业持续发展的三年内都能得到知识系统的有效支持。

1. 建立完善的培训体系

美国是较早在学校中进行创业教育的国家，美国的创业教育正在逐步形成一个完整的教学研究体系和创业教育实施体系。目前，美国创业教育已纳入其国民教育体系之中，其内容涵盖了从初中、高中、大学及研究生的正规教育。20世纪60年代，美国百森商学院（Babson College）最早开始高校创业教育，截至2015年初，美国已经有1900多所高等院校开设有关创业课程，并且已经形成了一套比较科学完整的创业教育教学、研究体系。这种创业教育体系不仅包括了创业学课程的普遍开设，同时也包括了本科、研究生创业管理专业的设立，以及各高校创业中心、创业教育研究会的建立，形成了较为完整的大学创业教育体系和浓厚的校园创业文化氛围，同时也形成了一个高校、社区、企业良性互动式发展的创业教育生态系统。

2. 培养高素质的师资队伍

美国创业教育师资力量十分充足，如哈佛商学院有5名专职教师，开设8门创业学相关课程，另有32个教师在教学中会涉及创业教育；斯坦福大学开设的创业课程有17门之多，有90%的学生至少上过一门创业类课程；百森商学院有35个专职教师，开设课程共计33门。

从师资结构来看，从事创业教育的教师由专职教师和兼职教师两部分组成，先要根据专业需求确定专职教师的数量，同时吸收社会上一些既有创业经验又有一定学术背景的人士进行兼职的教学和研究工作，特别是利用成功的创业家作为客座讲师。有的高校还建立了专门从事创业教育研究的创业研究所，如伊里诺伊大学1982年就成立了创业研究所，共有27人为研究所工作。

目前，提高教师的企业家知识和技能的计划也在一些国家得到实施，如丹麦、法国、芬兰、英国和挪威。

3. 设计科学的培训内容

创业培训机构不仅培训创业意识、创业知识，还包括创业技能。英国早已认识到创业教育的重要性，英国财政部早在1999年11月就曾投资7000万英镑给剑桥大学，希望剑桥大学能够学习MIT开展创业的经验，同时进一步推动英国大学的创业教育和创业活动的开展。近几年来，英国政府认识到，创业教育必须有一定的超前性。2015年，英国政府发起一项中学生创业计划，要求所有12~18岁的中学生必须参加为期两周的商业培训课程，以培养创业意识和能力。根据该计划，全英国各所中学将利用暑假向学生开设商业课程，培训内容包括如何制订商业计划、如何从银行获得贷款的方法等。中学生们将有机会听取成功创业人士传授创业成功的诀窍。

法国创业教学内容以最大限度满足学员创办企业的需要为出发点，并针对学员的特点，有针对性地开展教学、辅导。所有课程不是简单地传授理论知识，而是教会学员掌握经营技巧和使用适当方法去合法经营，赚取应得的利润。

法国政府近几年也在一些地区开展了诸如“在中学里办企业”“教中学生创办小企业”等许多活动，这些活动的目的并不是一定要办企业，而是要在学生继续学业的同时，培养他们主动创业的兴趣。

4. 选择合理的培养方式

在培养方式上，应充分体现多种形式结合的教学培养方式。教师除对学员进行公共知识的传授外，还要针对性地对学生提供个性化辅导，使学生得到具体的实际帮助。

欧盟一些国家对有创业潜力的人员进行培训时，课程安排分为课堂培训和企业实践两个部分。三个月系统学习小企业经营管理技能，然后安排学生去企业进行6~9周的实践。

在优选培养方式的基础上，我国可以根据学生的意愿将大学生的课程设计和毕业设计改为创业设计。

5. 提供全面的后续服务

法国在学生结束集中培训，开始实施创业计划时，CEPAC一般提供6个月至1年的后续帮助。在此过程中，安排专家对学生进行指导，包括场地选择、布置装饰、贷款申请、财会计算、法律合同等。而且，学生开办企业后，若在经营中仍有问题、困难，可随时到CEPAC寻求帮助。CEPAC成了这些创业者的家，中心和学生经常互相联系，学生从中心不断得到帮助，中心也通过对学生创业过程的了解，掌握新的信息，不断改善培训工作。

（三）创业资金支持系统的构建

资金支持系统构建的基本思路：一是创业者经培训完成创业计划书并经专家认可后，不需要任何财产抵押和担保，很快能够拿到需要支付低息的创业贷款；二是在创业期，不影响创业者应该享有的待遇，以鼓励创业者创业。

1. 国家资金的支持

难以获得创业启动金是大学生创业时所面临的较大困难之一。美国为了鼓励创业者积极创业，国家科学基金会设立了实施“小企业创新研究计划”的机构，该计划有助于小企业和新兴企业的创办与发展。例如，小企业的创业者可以从联邦政府得到5万美元的拨款作为开办经费，继而可以发行几百万美元的公共股票。联邦政府能够以资助和贷款方式为他们提供直接的帮助，而且对小企业投资将以优惠的税收方式提供间接的鼓励政策。此外，州政府还以风险资本计划和允许发行免税工业集资债券支持小企业的开办。

总之，学生创业者可以得到许多方面的资金和政策支持，这也是涌现出一批批成功创业家的一个重要原因，同时也是值得我们借鉴的宝贵经验。

2. 学校资金的支持

学校也应该设立大学生创业基金中心。一个能成功运作且资金充裕的创业基金中心主要有四个资金来源：著名企业以及成功创业家捐款青年创业基金等；各类政府、企业或社会基金；各种培训合同服务回报，外部拓展活动，如GBC（Globe Business Cases）等项目赞助人回款等。学校还会成立创业委员会帮助创业中心获得创业研究基金，并支持教师们完成创业研究计划。多渠道资金来源保证了创业中心的正常运作，如北京航空航天大学每年设立300万元的创业基金，对学生的创业计划书经评估后进行种子期的融资。北京航空航天大学的这种模式在我国高校中应该积极推广。

（四）政府支持系统的构建

政府支持系统构建的思路是：借鉴外国经验，政府应当营造有利于创业的社会环境，建立真正能够促进创业的、负责任的、高效率的创业管理系统，建立真正能够快速推动创业工作的管理机制。

1. 营造有利于创业的社会环境

一个产业的创办和发展离不开良好的社会环境，而这种社会环境需要政府来营造。第一，政府要转换职能。要摆脱计划经济体制的束缚，重新认识自身在其中的地位和作用，不再直接组织和操办产业，而是要为产业的创办和发展提供高效率的服务，充分发挥政府的引导和协调作用。第二，要规范市场行为。美国市场经济很发达，形成了统一开放、平等竞争、规则健全、运转有序的现代市场体系。在这样的经济环境中，每一个市场主体都能够按照市场经济规律去运作，这在硅谷中得到了充分体现。而我国的市场经济还很不发达，市场行为也不规范，很难靠市场来调节和配置各种资源，也不易激起创业者的积极性。所以，要鼓励创业、推动创业，必须先规范市场行为，为其发展营造良好的经济环境。

近年来，欧盟国家促进中小企业发展的措施主要集中在三个层面：一是继续营造有利于促进中小企业发展的大环境，如简化立法、行政规定，在立法过程中重视对中小企业利益的影响，倾听来自中小企业的意见；二是在促进中小企业发展有直接联系的小环境上，加大力度，增加投入，如大力支持企业发展服务部门，培育企业发展服务市场；三是创造条件，提供帮助，重视提高企业自身能力建设。

2．提供免费的企业发展服务

完善的企业发展服务组织应包括管理部门、企业支持部门。企业支持部门一是负责提供培训，包括创办新企业和企业增长的培训；二是提供扩展服务，由咨询人员一对一地上门服务；三是为企业提供长期的支持服务。

3．减免税收

泰国微型企业之所以发展得这么快，其主要原因是政府对微型企业采取的是减免税费、放开发展政策。据了解，泰国政府对1~4人的微型企业和自谋职业者，年收入不超过5万泰铢不需登记注册，不收任何税费。这是促使微型企业快速发展的决定因素。

英国地税部门对小企业，特别是失业人员开办的自谋职业型的微型企业，实行了自开办之日起免征1 ~ 3年企业所得税的优惠政策。

4．信息支持

建立国家、省两级创业信息网，及时提供大学生创业方面的有关信息是促进大学生创业极为有效的措施。

总之，创业教育是一种新的教育理念，这一理念要始终贯穿于高校的课堂教学及实践活动中，而建立创业支持系统是保证学生能够成功创业的平台。创业支持系统如同大厦，政府支持系统是大厦的基础；知识、资金支持系统是大厦的支柱；大厦的“尖屋顶”就是实现创业者的持续发展。作为我国高素质群体大学毕业生，无疑应该顺应创业的潮流，走在这一潮流的前列。

第六章

创业人才培养体系研究

第一节　社会生态系统中的创业人才培养模式

一、社会生态系统中的大学生创业教育

（一）大学生创业教育对我国经济社会发展具有特殊意义

创业教育是一种新的教育观念，不仅体现了素质教育的内涵，侧重教育创新和学生实际能力的培养，并且强调转变学生的就业观念，提高学生的创业意识和创业能力。根据世界教育发展和改革的趋势，结合我国国情，大力推进创业教育，鼓励大学生创业，培养具有创业能力和企业家精神的新一代创业家，对我国经济社会的协调发展，对中华民族的伟大复兴具有特殊意义。

（1）创业教育有助于解放思想，营造良好的创业氛围。创业教育本质上是培养冒险精神、创新精神，培育务实趋利、理性进取的商业精神。中国经历了几千年的农业文明，一贯重农轻商、贵官贱商。士、农、工、商的社会等级次序，正好反映了商人在中国传统社会中的低贱地位。尽管一百多年前的洋务运动早就打开了中国开放的大门，1978年后开始的市场取向改革取得了巨大成功，但传统的中庸之道和计划经济时期形成的等、靠、要陋习仍束缚着人们的思想。大力发展创业教育，倡导创业精神，有助于从深层次上改变新一代创业者基于文化、习惯的心智结构，有利于扩大我国开放改革的成果；有利于营造良好的创业文化氛围，为创业家和企业家的孕育和成长提供更适宜的环境。

（2）通过在高校中推行创业教育，引导大学生投身创业，可以在产业升级和产业梯度转移中内生出一批素质更好的中小企业创业者，为我国经济的可持续发展积蓄力量。我国的浙江、江苏、广东等地区产业集群已发展为地区竞争优势的主要源泉。知识经济加速了产业的更替，在产业集群升级和扩展过程中，蕴藏着大量商机；同时，在沿海产业梯度转移的过程中，由于中西部地区具有相对的区位优势和低成本的劳动力供给优势，发达地区的产业转移会给欠发达地区带

来许多创业机会。这样，在沿海地区和欠发达地区，一批创业意识和创业技能较强的创业者能在专业化分工协作和第三产业的需求中找到创业的机会。大学生具有文化知识方面的优势，且在进入知识经济年代的当今社会，这些较高素质的大学生应该是我国创业者的主体，是在产业升级和转移中创业活动的主体。但传统的教育更多的是重学分轻能力的学历教育，许多大学生不具有起码的创业知识。据调查，大学生中相当一部分有创业的愿望，但是没有项目，没有资金，感到可望而不可即，创业成功只是痴心妄想。创业教育正是从实际出发，根据经济社会的发展变化，通过适应性的教育，帮助大学生树立创业信心，掌握创业技能，学会捕捉商业机会，提高创业管理的能力。大力发展大学生创业教育，通过产业政策激励大学生开办自己的企业，能够借助产业升降和产业转移的契机，孕育出一批高素质的创业者。他们的创业，不仅能带动就业，促进技术转化和技术创新，而且能够提高产业素质，促进产业高度化，对我国经济社会的可持续发展有重大意义。

（3）创业教育为提升我国高校竞争力提供重要契机。全国高校扩招不断增加，强劲的需求拉动着我国高校快速发展。我国的高校都在大规模建设新校区，扩大招生规模。大学生未来的就业形势是十分严峻的，在未来高校竞争中，高校的核心竞争力将是培养学生人文和科学素质、就业和创业技能、创新和创业精神的机制和能力。教育部进行创业教育试点，就是探索教育改革的新路径，就是要在高等教育规模的扩大中，推动精英教育向大众化教育转变。我国的高校中，只有少数有可能发展为研究型大学。在未来的竞争中，高校必须有正确的定位，必须办出自己的特色。特别是地方高校和民营高校，虽然目前招生火爆，但要维持现有的竞争优势，必须面向市场，深化改革，提升能力。沃里克（Warwick）建校于1965年，短短数十年便跻身英国大学排行榜，这种跨越式发展源于其异乎寻常的战略选择。它将企业家精神熔铸于办学思想中，走与工商界联合的产、学、研合作办学之路。美国的百森学院以创业教育的特色跻身于世界工商管理名校之列。大力发展创业教育，引导大学生积极创业，培养学生的实践精神、探索精神、冒险精神和创业能力，将是我国高校创新发展、提升核心竞争力的有效途径。

（4）创业教育可以改变就业观念，培养创业能力，缓解就业压力，促进社会就业。中国人口数量众多，就业压力巨大。国际劳工局公布的《中国就业议程》报告称，中国正面临就业不足，农村高失业率和农民涌入城市寻找工作等问题的困扰。劳动和社会保障部的数据显示，中国需要转移的农村劳动力达1.5亿之巨。大学生就业形势同样严峻，2017年大学毕业生多达950万，就业压力已经是家庭、社会、政府关注的焦点问题。大力开展创业教育，改变大学生进机关、当白领的传统就业观念，培养大学生的创业精神和创业技能，发挥大学生的人力资源优势，促进和帮助大学生创业，这是解决中国就业问题，解决中国农村劳动力转移的重要途径。

（二）社会生态系统中的创业教育存在的问题

1. 高等院校对大学生创业教育的战略意义认识模糊，未能较好发挥推进大学生创业教育的主体作用

由于我国特殊的国情，大学生的创业教育对创造就业岗位，构建创业文化和建设和谐社会，以创业人力资源解决经济社会可持续发展问题，促进科技成果转化和产业结构升级等都具有深远的战略意义。在美国，高校是创业人力资源的重要源地。高等院校通过系统的创业教育激发大学生的创业意识，培养大学生的创业精神，提高大学生的创业能力；促进教育为社会服务，使高校培养的创业人力资源成为美国经济和社会发展的活水源头。相比之下，我国的高等院校尽管已开始逐步启动大学生创业教育，但以教育大学生适应现有岗位的就业教育，仍是高等教育的主流。高等院校的工作重心主要放在新校区建设、迎评促建和招生就业工作上。对探索创业型人才培养模式，加快培养和造就大批真正具有创业精神和能力的创业人才方面，高等院校还没有发挥应有的主体作用。

2. 创业教育定位不明确，没有专门机构负责创业教育的推广

多数高等学校的创业教育由招生就业处、学生处、团委负责，主要为大学生毕业分配服务，或者由管理学院或商学院承担一些教学任务和创业科研项目。少数高等院校设立了“创业教育中心”，如清华大学、南开大学、江西师范大学、江西财经大学等。但这些中心并未有推广创业教育的行政职能，客观上只是承担创业教学和科研的机构。江西财经大学将创业教育中心与学校规划发展处合署办公，这在全国是一个首创。而江西省教育厅率先在全国批设“江西省创业教育研究与指导中心”，承担全省创业教育的规划、组织和指导功能，这同样是

一个创举。但该中心的工作仍受到资金、人员、社会资源等各个方面的制约。因此，从全国来看，创业教育未有明确定位，尚处于初创阶段，缺乏专门机构推广。

3. 缺少专门从事创业教育的师资队伍

美国高校创业教育师资雄厚，哈佛商学院有十几个专职从事创业教学和研究的教授；百森学院有35个专职从事创业教育和研究的教师；仁斯里尔理工大学有22个创业学教师；伯克利从事创业教育的教师有20人。在全美，创业领域的首席教授有200多人。相比之下，我国由于大多数高校没有相应的专业和课程设置，研究人员大多来自其他学科和领域，且专业从事创业研究和教学的人员不多；即使有专职人员，基本上缺少系统的创业理论知识、创业经历和创业经验。尽管教育部已委托北京航空航天大学培训创业管理培训学院举办了多期“创业教育骨干师资培训班”，但由于各高校认识不一，全国高校数量众多，这种短期培训也远不能满足创业教学和科研的要求，所以专业师资稀缺是一个瓶颈。

4. 大学生创业教育课程体系未建立或很不完善

Vesper和Garter对欧美941所大学商学院院长进行问卷调研，结果发现，尽管不同的大学在创业方面有不同的课程安排，但大都有一个体系。开设最多的课程是创建新企业、小企业管理、企业咨询、创建和运营新企业、如何写创业计划书、创业财务、非工商管理专业学生的创业、家族企业、创业机会的识别、创业营销、技术转移、创新评价、创业投资与私人权益、创业相关法律。哈佛大学开设了8门创业课程，其MBA的主课程必学32个创业案例，短期课程学习12个创业案例。百森学院开了33门有关创业的课程，仁斯里尔理工大学开设了20门创业课程、UCLA开设了15门创业课程、UC伯克利开设了23门课程。中国高校大学生的创业教育主要停留在理论传播和创业意识培养阶段，尽管清华大学的技术创新创业、浙江大学城市学院家族企业创业课程有特色和优势，但课程体系远未形成。大多院校主要开设一两门选修课，创业教育作为一个学科的整体性根本不能从课程安排上得以体现。

5. 教材建设有待加强，创业教育尚未纳入高校正式课程体系

在教育部组织编写的“面向21世纪材料”系列中，尚无创业学的教材；目前国内高校的创业学教材，基本上是翻译或根据国外创业学教材体例整合一些中

国的案例编写的。由于创业学研究成果少，能够反映我国在转型期创业活动的规律的教材奇缺，致使创业学教学同样只能“纸上谈兵”。尽管联合国教科文组织早在1980年就开始倡导创业教育，要求将创业教育提高到与学术研究和职业教育同等重要的地位，我国政府职能部门也认识到创业教育是未来教育改革的方向，并积极试点探索。但由于传统高等教育管理体制惯性产生的路径依赖，使创业教育这一新生事物在以适应性、就业型人才培养模式为特征的高校难以找到生存和发展空间，大多数高校尚未开设与创业相关的课程，少数高校只是开设选修课。总体上未能依据各高校特色，将创业教育与专业教育、职业技能教育结合起来，纳入正式课程体系。而在美国的大学，如斯坦福大学，在建构创业教育课程体系时，始终坚持文科和理科结合、教学和科研结合、文化教育和职业教育结合，创业教育课程体系渗透在不同的学科和专业中。

6. 缺少创业与创业教育研究的平台

专业的期刊和研讨会是创业和创业教育研究、发表学术观点和交流的重要平台，也是从事创业和创业教育研究的教师和工作人员发表成果、展现业绩的重要载体，是一个学科是否得到重视或被主流认可的重要标志。据2015年对美国的统计，有关创业和创业教育的刊物有几十种之多，公认的权威有数十种。在我国，创业类的理论刊物没有，创业类的理论成果散现于教育类、管理类和综合期刊（如校刊）上，创业和创业教育研究缺乏专门的理论平台。尽管南开大学商学院已组织召开了两次有关创业与创业教育的研讨会，为创业及创业教育研究提供了交流的机会，但有关该学科的协会未能成立，经常性的信息沟通和学术交流机制没有建立，这在客观上也会制约该学科吸引更多优秀人才进入，进而影响了该学科的良性发展。

7. 创业教育与社会脱节严重

创业教育要求与创业实践和社会环境契合，更应是沟通学校和社会鸿沟的重要桥梁。美国大学中的创业教育项目大多是通过个人、团队、企业、行业和社会的合作而得以迅速扩展，形成了大学出人，企业出项目，基金会出钱，创业中心提供指导性的合作研究和咨询模式。创业教育不同于常规的课堂教学，它与各种创业实践密切相关，因此必须采用适应性的教学方法。例如，UCLA邀请数十位创业成功人士与创业课程小组结对子，百森学院设立“创立人之日”活动，邀请全球若干个有影响力的创业家与学生交流座谈，成立杰出创业家协会，设立创业种子基金，资助学生创业，创业教育镶嵌在由学校、家庭、企业家、行业协会、社区等形成的社会生态系统中。

（三）大学生创业教育的限制因子分析

大学生创业教育存在的问题一些是发展中的问题，一些是我国现存教育体制固有的问题，是社会文化影响的结果。到底是哪些因素影响创业教育的发展呢？本节借用社会生态学的相关理论，将创业教育置于高等院校微观环境和社会的宏观环境中，力图通过一个简单的模型找到影响创业教育的“限制因子”，为构建有效的大学生创业教育模式奠定基础。

生态学理论认为，环境是某一特定生命体以外的空间及直接影响该生物体生存的一切事物的总和。生态因子是构成生态环境的要素。生态环境中，生物的生存和繁衍依赖于各种生态因子的综合作用。在生态系统中，必有一种或少数几种生态因子是限定生物生存和繁衍的关键性因子，即限制因子。根据最小因子法则，某种限制因子完全缺失，会影响和限制某种生物体的生存和繁衍。笔者将创业教育视为一个生命体，它植根于高等学校微观环境和社会宏观环境构成的生态系统中。校园环境是直接影响创业教育发展的邻近环境，是创业教育赖以生存的微观环境。在这一微观环境中，有五个限制因子促进或限制创业教育的生存和发展，它们分别是课程因子、师生因子、教学设施因子、校园文化因子、认为因子。虽然高等院校大都有一个围墙，但却不能与社会隔离，必须从社会吸收发展的营养、信息和支持，同时通过向社会输送人力资源和贡献智力成果实现自身价值。社会宏观环境中，同样有五个限制因子促进和限制着大学生创业教育的生存和发展，它们分别是市场因子、创业政策因子、教育体制因子、创业文化因子、人为因子。创业教育微观环境和宏观环境中的十个限制因子共同作用，相互影响，构成了创业教育赖以发育和成长的社会生态系统。

（1）课程因子：优质的创业教育是通过合适的创业教育课程设计和课程体系来实现的。在高校中，安排怎样的课程，安排多少课程，通过构建怎样的课程体系实现创业教育的目标，这是关于创业教育定位和教学资源分配的大事情，是最直接影响创业教育发展的限制因子。国外创业教育的实践表明，有效的、系统的课程设置是保证创业教育质量的关键。

（2）师生因子：专业的教师团队不仅要具有创业学的专业知识，而且应有创业的经历、体验，对创业及创业教育有一种兴趣、热情和执着。教师的素质会影响学生的兴趣，决定创业教育课程的推广速度和效率，甚至影响创业教育在高校的存亡。创业教育以生为本，是面向大学生微观主体的，高校大学生的地域、专业和心智结构及创业性同样会影响创业教育的效果。师生互动，师生的共同参与，是创业教育有效实施的必要途径。

（3）教学设施因子：创业教育课程要求的教具、设备和其他教学资源。创业教育不同于一般的课程教学，需要与企业、科技园、社区、机构等有更多的接触，因此能否提供诸如创业游戏模块、创业教育孵化器、创业实践基地等特殊的教育资源成为创业教育有效开展的条件。如果只是传统地讲授，从课堂到课堂，学校不能和不愿提供创业教育所必需的特殊设施和资源，创业教育效果就会大受影响。

（4）校园文化因子：学校的历史传承、学校的定位、学校教学改革的方向及校园氛围、课外活动组织等形成了影响创业的校园文化因子。斯坦福大学创建之初就确立了鲜明的办学宗旨：使所学的东西对学生的生活直接有用，帮助他们取得成功。这必须包含创新、进取的愿望，良好的设计和最终使之实现的努力。这种宗旨使该大学倡导产、学、研互动的校园文化。“硅谷之父”特曼教授是第一个天使投资者，以他为代表的教师对学生创业的支持，成就了惠普、苹果、思科、雅虎等一个又一个由斯坦福大学的毕业生创建的创业型企业。校友的成功反哺着该校的创业教育，丰富着校园创业文化。积极创业的校园文化使该校的创业教育别具一格，学生的创业活动异常活跃。

（5）人为因子：高校中校领导的支持、创业教育负责人的坚持、老师和学生代表的榜样等作为人为因子共同影响着创业教育的发展。UCLA的副校长Svenon博士兼任该校创业教育研究中心高级顾问，仁斯里尔理工大学现任校长Ann Jackson在提出的“仁斯里尔规划”中，把创业教育放在重要位置，该校LALLY商学院院长兼任创业教育中心主任。百森学院则以创业教育为立校之本，校长Brainm Barefoot、教务长Michael Petters、研究生院院长Mark Rice都是创业教育领域的全球著名学者。在我国的行政体制中，“一把手”具有特殊的作用，所以，“人为因子”中“一把手”或主要领导对创业教育的重视程度、认识程度、支持力度，在某种程度对创业教育的发展起到不可替代的重要推动作用。

创业教育的发展不仅受制于校内各种限制因子，而且同样受制于来自校园之外、社会环境中各种因素的影响。市场因子、创业文化因子、创业政策因子、教育体制因子、人为因子等决定了生存于校园“微观环境”中的创业教育是否有一个良好的社会生态系统。

（6）市场因子：创业者获取创业机会的难易程度、创业的成功概率和创业收益的大小。如果一个社会中，创业机会比较容易捕捉，创业成功的概率较高，创业的收益总体上大于就业（如公务员、研究人员、企管人员），这就会形成一种崇尚创业、乐于创业、敢于创业的市场信号，这种信号引导着许多大学生毕业后寻找机会创业，而创业的知识和能力就会成为创业市场中稀缺的资源，这种信号又会反馈给在校的学生，使他们学习创业知识和技能的兴趣更浓，态度更坚定，进而对教师的期望和要求更高，对学校有关创业课程的设计也会提出新的挑战，这反过来又促进了创业教育与社会环境的融通，为创业教育发展提供了一种动力。美国创业教育正是在良性的市场因子的作用下不断发展的。

（7）创业文化因子：对创业行为、创业价值的评判形成了创业文化因子。积极的创业文化肯定创业的价值，宽容创业的失败，创业者在其生存环境中有着较高的社会地位；消极的创业文化限制人们的创新精神和创业行为，要求人们循规蹈矩，亦步亦趋，人们对创业者持一种怀疑、打压、嫉妒甚至仇恨的心态，而对创业失败则是变本加厉地指责、嘲讽。积极的创业文化如“硅谷文化”“永嘉文化”，激励人们投身创业，大胆实践。创业文化作为一种价值取向自然引导着校园内的学生选择创业，热爱创业，如斯坦福大学涌现出一批世界级的企业家，这正是“硅谷创业文化”孕育的结果。

（8）创业政策因子：创业政策是中央和地方政府制定的减少创业障碍、促进创业活动的一系列政策措施的总称。创业和就业是分不开的，就业的压力使创业越来越受到重视和支持。在我国，国有企业改革导致下岗职工锐增，下岗职工的就业创业最早被关注，相应的政策最早制定。近几年，由于高校扩招导致大学毕业生数量激增，2017年多达900多万人，就业压力巨大。因此，在通过多种途径广泛开辟就业渠道的同时，大学生创业日益被重视，大学生创业开始受到与下岗职工同等的“政策待遇”。根据国外的经验和我国的实际情况，创业政策有利于降低创业障碍，促进创业活动，进而对校园内的创业教育又起到一种积极的引导和扶持作用。梳理我国现有的创业政策，更应从单纯提供优惠政策向提供系统辅导和政策扶持转变，更应从特定对象（如下岗职业）优惠政策向构建普惠的创业支持体系方面转变。这样，大学生的创业活动作为创业活动系统中的有生力量，会更有张力和前途。

（9）教育体制因子：中央和地方教育行政部门的作为和制度导向对大学生创业教育的推广和发展具有重要作用。尽管高校，特别是民办高校有安排课程的相对空间，但公办高校毕竟是高等教育的主体，教育部、教育厅等主管部门对教育改革具有领导功能和导向作用。教育行政部门在三个方面对创业教育具有重要促进用：其一，准确、及时把握世界教育发展的趋势，通过制度设计和行政力量推进代表教育改革方向的大学生创业教育；其二，充分利用主管部门的信息优势和行政职能传递国内外创业教育信息，引导国内创业教育健康、有序发展；其三，利用教育管理平台为大学创业教育整合社会资源，促进大学生创业教育社会支持体系的构建。

（10）人为因子：焦点人物的触动和推进，对创业教育的发展起到重要作用。一般来说，企业家的支持、创业成功的校友等的影响都会作为“人为因子”影响一校、一地创业教育的发展。

（四）在社会生态系统中构建大学生创业教育的模式

从以上创业教育的十大限制因子的分析中可以看出，大学生创业教育不仅受制于校内微观环境中各种限制因子的影响，而且还受到社会宏观环境中各种限制因子的制约。同时，在微观环境和宏观环境中，创业教育各种限制因子不是孤立地发生作用，它们总是相互催生、相互作用、相互促进、相互制约的。因此，我们在构建大学生创业教育模式时，不仅要使大学生创业教育社会化，而且要使微观环境和宏观环境对接起来，把校园和社会鸿沟弥合起来，使其中的影响创业教育的各种因子协调起来，对创业教育产生共生、协同作用。

创业教育植根在社会宏观环境和高校微观环境中，尽管创业教育在高校内实施，但是只有深深扎根在社会生态系统中，才可能枝繁叶茂，表现出非凡的生命力。同时，社会宏观环境和高校微观环境本身就是两个相互作用、相互影响的反馈系统。高等学校通过实施创业教育，输入创业市场信号、创业文化、企业政策，通过设置创业课程，培育学生的创业意识，提高学生的创业能力，向社会输出创业型人才和与市场经济相适应的新型创业文化。热衷创新、创业的创业型人才将为经济社会的持续发展、科技创新、社会就业提供新的动力，同时，将通过创业活动创造新型的社会资本，推动社会观念向现代市场导向的方向演进。

适应社会生态的大学生创业教育，首先是通过完整的课程体系来实现的。创业意识、创业知识和创业实践三个子模块构成一个系统的大学生创业课程模块，在培养学生的创业意识过程中，更加注重创业实践能力的培养。通过开设企业家精神、创业伦理学、创业法律、创业文化四门课程，使学生比较深入地认识企业家精神的本质和创业家必备的素质，认识企业家的社会价值和社会责任，具备创业者的法律和道德意识，了解创业环境和创业文化对创业活动的促进和限制作用。通过开设创业管理、创业营销、创业财务、创业融资、创业案例等课程传授创业知识，使学生对初创企业的组织形式、营销方式、融资渠道和技巧、财务管理等有一个全面的掌握；案例教学对创业企业成长过程中的典型问题予以剖析，培养学生对管理创业企业或自己创业过程中对实际问题的解决能力，提高学生的创业素质和技能。通过创业计划撰写、创业教育孵化器培育和大学科技园的创业实践，可使学生具有识别商业机会，创建新企业的亲身体验和经历。创业计划是创业的行动大纲，通过指导学生或团队参加创业计划大赛，理清创业项目思路，培训团队精神。创业教育孵化器是创业中心利用学校或社会资源，通过免费提供场地、少量资金、项目等创业基本条件，在风险可以控制的范围内，引导和指导学生在校内创业。如果项目具备了自我生存的能力，再申请工商营业执照，走向社会。创业实践课分为两种，一是到新创企业参与创业企业的管理；二是利用校内资源，开办为大学生服务的企业，由学生自主经营，如大学生打印社、大学生超市、大学生IT服务中心等。这种利用校内资源创立的企业，需要得到学校的支持，既可切实提高学生的创业和管理能力，也可解决部分学生的生活费用，为学生提供勤工俭学的机会。实施创业实践教学，可切实锻炼学生管理创业企业的能力，激发其创业意识，提升其创业能力。通过这种课程训练的学生在投身社会后，能够迅速适应企业和社会环境，在帮助他人管理企业或创办自身的企业时，能提高效率和成功率。

大学生的创业教育需要一定的组织保障，创业中心一般被认为是比较有效的组织形式。创业中心下设创业教研室、创业协会、创业基金。创业中心的老师在完成创业的教学和科研外，还承担向全校推广创业教育和管理创业教育的职能。创业中心还需通过倡导组建创业协会和筹集创业基金来实现创业教育的独特功能。在高校，创业中心应由分管教务的校领导分管，并和教务处、后勤保障处、学工处、团委有着紧密的联系，这样有助于创业课程的安排、创业教育资源的配置和创业教育的整体推进。不管文科、工科、理科的学生，都必须接受一定课时的创业教育，具备一定的创业意识、创业知识和创业能力。对特别有志于创业的学生，将由创业中心引导到学校的创业教育孵化器。在这里，创业中心提供必需的办公设施和用品，提供办公场地和一些创业项目，组织学生进行创业实践。如果项目成功，则正式申请营业执照，进行税收登记，推向大学科技园等载体，走向社会。创业中心则可持有一定的股份，并对企业进行创业咨询和跟踪服务等。同时，创业中心还积极引进社会资源，通过筹集创业基金、举行创业促进会、举办创业项目推介等形式，整合社会力量和资金为大学生的创业教育和实践、创业孵化提供种子基金和创业家的现身说教及扶助。

大学生是一个独特的群体，具有雄心壮志和实现自我的追求，具有创业的激情和巨大的创造力，因此对其进行创业教育，必须打开社会的闸门，让创业浪花在创业教育的课堂中、在创业课堂的游戏中和创业实践的摸索中不断飞溅，将激越在社会和现实产业中的创业浪潮展现在接受创业教育的大学生眼前。这样，大学生创业教育必须将现实的创业文化、创业市场信号、创业政策等搬进课堂，在进行理性辨析的同时，让学生感悟创业的艰难、创业的挑战和创业的价值。

总之，大学生创业教育必须植根在现实的社会生态系统中，我们在探索大学生创业教育的有效模式时，既要注重理论传播，又要重视实践操作，更要注重将大学生创业教育的课堂对接社会，让丰富的社会营养滋养创业教育的主体——大学生，使这些幼苗从一开始就不是在理想的、虚拟的环境中而是在现实的风浪中磨砺成长。这样的模式有助于弥合社会和校园间的鸿沟，推进产、学、研、创的结合和共生，进而提高大学生创业教育的效力。

二、社会生态系统视野下的创业型人才培养模式的研究与实践

（一）创业型人才培养模式对社会经济发展的重要意义

在当代国际环境下，生产力的竞争已经成为各国竞争的主要内容。科学技术作为第一生产力，已经成为一个国家社会经济发展的重要力量，成为世界各国竞争的主战场，每一个国家都力争在这场竞争中抢占领先地位。国家之间的竞争主要是科学技术的竞争，而科学技术的竞争实质上就是人才的竞争。因此，人才正成为各国经济发展的支柱。

创业型经济已经成为世界经济发展的主要模式，只有培养能够适应经济全球化趋势、具有宽阔视野、有能力整合有限资源和适应国际化发展的创业型人才，才能适应国际市场形势的发展，才能推动我国社会经济向前发展。因此，在当前形势下，培养创业型人才对我国社会经济发展有重要的意义。

1．创业型人才培养模式是创新型国家发展的需要

创新是一个民族进步的灵魂，是一个国家兴旺发达的关键因素。增强科技自主创新能力、建设创新型国家是我国进入21世纪以来的重要发展战略。培养创新型人才，提高创新素质是建设创新型国家的迫切需要。我国要实现中华民族的伟大复兴，就必须顺应经济发展的要求，大力发展教育事业，大量培养创新型、创业型人才。然而，我国高等教育的人才培养模式还未能很好地适应社会经济发展的需求，很多大学的创业教育还处于起步阶段，创业教育的学科基础薄弱、意识淡薄、目标定位不准确，还不能向社会输送大量的创新型、创业型人才。因此，高校要重新构造人才培养模式，培养出符合社会需要的创业型人才，以满足创新型国家发展的需要。

2．知识经济带来机遇和挑战，需要我们培养能把握机会的创业型人才

知识是比原材料、土地、资本、劳动等更为重要的因素，是现代企业的最主要资源与首要财富，是经济增长的核心因素，是国家和民族生存与发展的基础。自20世纪90年代以来，知识创新对经济增长的贡献已超过其他生产要素的总和。同发达国家相比，我国的经济水平还很落后，知识经济的出现为我国赶上发达国家提供了绝佳的机遇和新的挑战，它要求国人具有敢于抓住机遇、面对挑战的勇气及较强的创业意识、创业精神和创业能力。知识型企业会越来越多并且在国民经济中占据主导地位，这就需要一大批知识型创业人才作为支撑。创业型人

才培养模式是知识经济时代对高等教育发展提出的新的要求。

3．我国会从制造大国走向创造强国，需要培养大量创新型人才

我国虽是一个经济大国，并已成为“世界工厂”，但还远远不是一个经济强国。我国的产业结构重心比较低，主要是依赖廉价的劳动力、土地、矿产等资源来获取竞争优势。随着知识经济时代的到来，廉价的劳动力和自然资源等优势地位会逐渐下降，我国急需在“创新”上下功夫，通过科技创新和创业型人才来推动产业结构升级，加快我国从“制造大国”向“创造强国”转变，并且加快我国中西部地区的崛起，以实现我国经济的全面均衡发展。

4．大学生就业压力增加了培养创业型人才的紧迫感

高校的多年扩招，大学毕业生人数的急剧增长，使越来越多的大学生面临就业难的问题。另外，这些年来，由于经济结构的升级和产业结构调整，我国经济增长吸纳劳动力的能力减弱，每年都将新增大量失业人员，也加剧了高校毕业生的就业压力。

随着高等教育大众化程度的提高，将有越来越多的高校毕业生进入就业市场，大学毕业生的就业压力将不断加大，单纯通过等待他人给自己“饭碗”来解决就业问题几乎不可能。而通过加强创业教育，培养大学生的创业意识、创业精神、创业能力，鼓励大学生创业，无疑是解决大学生就业问题乃至社会就业问题的一种行之有效的途径。大学生创业既解决了自己的“饭碗”问题，也为他人创造了“饭碗”，为社会创造了更多的就业机会。因此，培养创业型人才将促使大学生拓展就业思路，变被动就业为自主创业，有利于缓解大学生就业难的现状。

（二）社会生态系统中大学生创业型人才培养影响因素及作用机制

1．生态系统原理

生态学理论认为，环境是某一特定生命体以外的空间及直接影响该生物体生存的一切事物的总和。生物的生存和繁衍依赖于各种生态因子的综合作用。在生态系统中，必有一种或少数几种生态因子是限制生物生存和繁衍的关键因子。我们必须依照各生态因子与生物体之间内在的关联性和内在联系来构建生态系统，使生物与环境之间达到良性动态平衡。在生物圈内，或一个生态系统内，既有动物、植物，还有微生物等多种生物种群。这些种群之间有竞争关系，有捕食关系，有寄生关系等。这些关系看来都是“损人利己”的，竞争失败者、被捕食

者等在相关过程中受损甚至被杀灭。但是，生态系统内个体与个体、种群与种群之间的关系并不仅限于这类“损人利己”的关系，更主要的却是相互协作、相互促进以至共生等关系。植物对阳光能源是有竞争性的，但在林区中，多种植物聚生，却更有协作性。高大乔木是阳性植物，树冠在高空伸展，以求多吸收阳光；耐阴性的灌木、草木或苔藓等植物则居于乔木树荫之下，既能吸收阳光，又不致被过强的阳光照晒。就整体而言，这样的林区对阳光这一能源的利用率显然高于单种植物区。植物与动物之间也有协作：植物姹紫嫣红，昆虫蝶舞蜂鸣，前者为后者提供蜜源，后者为前者传授花粉。动物与动物也有合作：蚂蚁保护蚜虫，蚜虫为蚂蚁提供蜜汁，即为一例。共生也有许多众所熟知之例：豆科植物与根瘤菌共生，天麻与密环菌共生，地衣是真菌与蓝藻或绿藻结合的共生体等。

2. 社会生态系统中大学生创业型人才培养基本理念

从生态系统共生原理可知，这些共生都是协作、互利的。可见，若只着眼于个体或种群，它们都各有其利己性或自私性，利己或自私在某种意义上有利于个体或种群的共生。然而，这只是一个方面。从另一方面着眼，个体是一个生命系统，组成个体的亚系统——器官、细胞等是服从整体利益的。从更宏观的范围看，种群是生态系统的亚系统，生态系统是生物圈的亚系统，任何亚系统都必须服从系统的整体利益。

如果把创业教育看作生命体，那么它根植于高等学校微观环境与社会宏观环境共同构成的生态系统中。校园是直接影响创业教育生存与发展的微观环境，主要包括课程设计、创业导师和创业中心三个方面。社会是间接影响创业教育生存与发展的宏观环境，主要包括创业文化、创业政策、创业市场及职能部门支持四个方面。要研究创业教育，就必须把“微观环境”和“宏观环境”对接起来，将校园和社会鸿沟弥合起来，使其中各种影响创业教育的因子协调起来，对创业教育产生共生和协同作用。创业型人才不仅要通过独特的课程体系和组织来运行，还要使其根植于社会生态系统中，才能有效地生存和发展。

3. 创业型人才培养影响因素及作用机制总体框架

对影响创业型人才培养的因素分析要从校园及社会两个系统来阐述。学校是微观环境，主要包括课程设计、创业导师和创业中心三个方面，其中课程设计又需要从创业意识、创业知识和创业能力方面来设计，创业中心需要从创业教研、创业基地和外延活动三个方面来阐述。社会是宏观环境，主要包括创业文化、创业政策、创业市场及职能部门支持四个方面。创业型人才培养，就是要使“微观环境因子”和“宏观环境因子”协调起来，对创业教育产生共生和协同作用。

4. 创业型人才培养的微观作用机制分析

（1）课程设计对创业教育的影响。创业教育不同于一般传统知识教育，它是大学生创业的启蒙教育，其课程设计也要另辟蹊径。创业教育的课程设计要以创业教育的目标——“培养学生创业素质”为导向，由于创业素质主要包括创业意识、创业知识、创业能力，因此，创业教育的课程设计也主要从这三个方面来展开，培养学生的创业意识，教授学生基本的创业知识，塑造学生的创业能力，为学生从事创业活动打下良好的基础。

培养创业素质的第一步就是培养学生的创业意识，正如阿里巴巴的创始人马云，如果他没有创业意识，便不可能意识到电子商务隐藏的巨大商机，不可能比他人早一步把握时机，也就没有今天的阿里巴巴。若一个人没有强烈的创业意识，便不可能有创业的可能。

1）创业意识。创业意识是创业行为的原动力，是创业者自觉进行创业活动的心理倾向，主要包括创业者的需要、动机、兴趣、思想、信念和世界观等心理成分。它是创业者内在的强烈需要和从事创业活动的强大驱动力，它支配着创业者对创业活动的态度和行为，是创业素质的重要组成部分。

创业意识是创业型人才具备的众多基本素质中的灵魂，是创业者朝着目标不断奋进的不竭动力，是创业成功的精神支柱。在创业教育中，我们要通过请成功创业的榜样人物来学校开展专题报告和讲座、举办学生创业大赛、组织学生到企业里开展社会实践活动等形式，来培养学生的创业兴趣，激发学生的创业动机，引导学生树立崇高的创业理想、信念和正确的创业价值观。

创业意识的培养不能局限于对学生自我创业意识的培养，更要培养学生的创业社会意识，要使学生结合自身条件、自身需要与个人兴趣、理想和社会的需要，把创业意识教育与人生价值观教育等有机地结合起来，树立起为社会做贡献的远大理想。培养学生的创业意识就是要培养学生的自强、自立、自信的精神，培养学生坚强、毅力和克服一切困难的决心，培养学生“命运掌握在自己手中”

及“付出定有回报”的信念，培养学生务实、与时俱进、不断创新的精神。

创业课程设计要培养学生正确的创业意识，因为创业意识直接关系到大学生创业能力的培养及创业活动能否得到家庭的认同。现在很多人仍认为创业是找不到工作的学生才去干的不体面的事，大学生要改变这种错误的观念，形成“创业是实现人生价值的重要途径”的意识。

2）创业知识。创业教育课程设计直接关系到学生所能获取的全面创业知识。创业知识是创业者在创业活动中所具有的扎实的相关专业知识和各种非专业知识。相关专业知识是创业成功的基本条件，没有扎实的专业知识，就难以把握商机和经营之道，甚至开展不了业务。非专业知识主要包括创业战略知识、创业运作知识、管理知识、法律知识、财务知识等综合性知识，对成功创业也起着至关重要的作用。

创业战略知识是指创业者善于捕捉机会、把握创业方向、制定创业计划书等方面的知识，它能使创业者把握社会经济发展趋势，通过充分发掘自己的创造性才智设计出科学的创业战略。

创业运作知识是指创业者所具备的把商机转化为利润的知识。一个好的商机最终能否赢得利润在于创业者对项目、市场资源的成功运作，这需要创业者掌握项目管理、市场营销、团队合作、公司治理等方面的知识。

管理就是利用各种资源调动组织中的一切人力和物力去实现企业的目标。若大学生创业者掌握了一定的管理知识，就可以调动有限的资源成功创业的。

作为创业者，在创业初期不可能拥有所有需要的资源，如何在法律允许的范围内获得所需资源是成功实现创业的又一基础。创业者懂得法律知识，不仅是要守法，还要会用法律知识保护自己的创业活动。

大学生创业过程中主要问题是资金问题，如何以低成本获取资金、最高效率使用资金和有效控制资金风险，是新创企业健康成长、持续发展的关键，也是大学生创业成功与否的关键因素之一。1999年成立的中国第一家大学生高科技公司——视美乐初期成功就在于对风险资金的引入，但是“成也萧何，败也萧何”，视美乐的最终失败也在于对风险资金的控制不当。大学生创业者如果掌握了一定的财务知识，就能够了解资本市场的最新情况，以便于快速寻找股权投资者并在资本市场中获取风险资金、债务融资等，并且能够良好运用风险资金和债务融资的杠杆作用，发挥风险资金和债务融资的最大效用。

3）创业能力。创业能力是创业成功的必要条件之一，是创业能否成功的关键，是大学生实现成功创业的手段。创业能力是一种高层次的综合能力，主要包括专业能力、社会交往能力、敏锐的洞察能力、组织领导能力、承受挫折能力。专业能力主要是指创业者对创业领域所要求的专业知识的熟悉程度，毕竟从自己熟悉的行业中选择创业项目可大大提高创业的成功率。每个人都处在一定的社会关系之中，人不能离开社会而单独存在。作为创业者，所处的社会关系更加复杂，不仅要与顾客、员工打交道，而且要与供货商、金融和保险机构、同行竞争者打交道，还要与各种管理部门打交道，因此，创业者必须具有良好的社会交往能力。敏锐的洞察能力是创业者能否发现机会、把握机会和利用机会的前提。没有敏锐的洞察能力就不能看到市场中存在的潜在机会，也就无法把握商机，更谈不上利用机会。商机并不会在原地等着创业者，而需要创业者主动地去寻找和及时地把握与利用。创业者在发现市场机会后，还必须具备优秀的组织领导能力，使企业的人、财、物等资源得到最优配置。如今社会，成功的创业者都离不开一支优秀的创业团队，而创业者的组织领导能力是关系着创业团队优秀与否的关键因素。另外，拥有优秀的组织领导能力的创业者，懂得知人善用和激励人才，并使组织的凝聚力发挥最大作用。市场环境变幻莫测，竞争程度已达白热化，创业者若想企业长久存在并发展壮大，必须能够适应变化、利用变化、驾驭变化。另外，做生意总是有赔有赚、有成有败，创业者必须具有承受失败和挫折的能力。

（2）创业导师对创业教育的影响。教师作为大学创业教育的另一个主体，其水平高低将直接影响创业教育水平的效果好坏。如果没有一支强大的师资队伍，创业教育的开展将不会得到有效保障。然而，高校中的教师多以理论为主，少有实战经验。没有创业经历的教师是很难上好创业教育课程的。因此，学校一方面要鼓励教师到创业一线去兼职，积累更多的实战经验；另一方面还可以聘请一些成功企业家、技术专家做兼职教师。大学生在创业过程由于自身专业技能、管理能力及社会经验的不足，会碰到非常多的问题，如果在创业过程中有“高人”指导，大学生创业者将会少走很多弯路。目前，国内有不少城市开始建立创业导师制，让成功的创业者成为初次创业者的导师，以老带新，为初次创业者提供更多实质性的帮助。例如，上海市科委依托一批具有创业经验和社会责任感的企业家，建立了一支100人规模的“创业导师”队伍，支持他们与孵化器、区县及各类教育机构签订协议，开设创业培训，提供咨询服务，以提高科技创业企业的生存能力及大学生创业的基本技能，并促进大中型企业与中小科技企业的全面对接与有机互动。上海市科委鼓励科技企业和科研机构为应届毕业大学生提供半年的科技见习岗位，并对见习者实施“一对一”的带教。科技企业和科研院所与大学生双向选择，确定见习意向并签订协议，市科委将以“后补贴”的方式给予部分资助。扬州大学通过发函联系、教师推荐、实地考察等方式从江苏省数家企业中选出一批企业的主管和生产技术骨干担任校大学生的校企联合“创业导师”。这些“导师”会经常到学校以讲座、报告、座谈等形式向立志创业的大学生讲述自己的创业经历，传授在创业过程中如何实施高效管理、应变企业突发问题的经验。武汉市也于2014年6月成立了“武汉全民创业导师团”，目前有108名，其中包括知名企业老板、高等院校教授、企业服务机构专家等。这些导师的主要职责是为创业者提供策划咨询，为中小企业提供相关法律、人事、营销、生产、研发、财务、心理辅导等咨询服务。

（3）创业中心对创业教育的影响。高校通过设立创业中心，可以提高大学生创业的成功率，减少其风险性。创业中心以高等院校为依托，可集中本地区的科技资源和人才资源的优势，进而保证被孵化的企业在技术上的先进性和可行性，从而使得企业有较强的竞争能力和生命力。创业中心有一批有着实战经验的优秀创业教师及专家学者，可向大学生创业者提供管理咨询等建议，使大学生创业者少走弯路，更快更好地成长。创业中心承载着高校的创业教育，通过“营造创业氛围，点燃创业激情，提升创业能力，孵化创业项目”，为高校培养越来越多的创业型人才。

下面将从创业教研、创业基地和外延活动三个方面讲述创业中心。

1）创业教研。创业教育科研能力，简称创业教研，为创业教育提供理论基础，同时也为编写适合本土的创业教育教材提供了可能性。美国早在20世纪80年代就出现了创业教育理念的萌芽，到20世纪90年代，美国高校的创业教育就已经形成了一个相当完备的体系。而我国的创业教育起步晚，20世纪90年代末期才开始推广创业教育工作，创业教育模式的很多方面都必须借鉴国外模式，而要创造符合中国国情的大学生创业教育人才培养模式还需慢慢摸索。因此，加大创业教育科研的力度既有利于适合我国创业教育教材的出台，也有利于早日探索出适合我国大学生创业教育人才培养模式。

2）创业基地。高校通过创建创业基地、创业园、创业孵化器，为大学生创业者提供优惠的信息政策、良好的办公条件、优惠的水电管理费和一定的启动资金，以及营造浓厚的创业氛围，来扶持和培育大学生创业者。进入大学生创业基地进行企业孵化是大学生走向创业的重要一步。

为解决广大在校大学生及毕业不久的大学生在创业过程中遇到的资金短缺等问题，创业中心可通过建立“大学生创业孵化器”来扶持大学生创业。进入“孵化器”的大学生创业者只要拥有好项目，可暂不注册企业，创业中心将为创业大学生提供办公场地、资金补助、创业指导等一系列服务。

3）外延活动。创业中心可通过组织举办各种各样的外延活动来培养创业型人才。创业中心可定期邀请成功创业人士，特别是成功创业校友开创业成功报告会、“未来企业家”等讲座，培养学生的创业意识，营造校园的创业氛围。通过定期举办学校创业计划大赛、校园创意PK大赛和组织学生积极参加“挑战杯”全国大学生创业计划竞赛、诺基亚青年创意创业计划大赛、中国平安励志计划创业大赛等活动来促进大学生的创业意识，加强大学生的创业能力。若学生的创业计划项目有很好的市场前景，创业中心可给予支持和指导，为其积极创造条件，鼓励学生尝试将知识运用于实际。

创业中心还可定期举办“模拟创业活动”，让大学生对从寻找商机到制定创业计划、组建创业团队、进行创业融资和创业管理的全过程进行模拟，以提高大学生对创业过程的感性认识。

鼓励学生组建社团，开展形式多样的社团活动。大学生可以借助社团这个载体，自主开展创业训练活动，达到开阔视野和获得体验的目的。

通过丰富多彩的外延活动，创业中心可真正成为大学生科研、实践、创新及成功创业的平台；通过创业基地，孵化出一批具有广阔市场前景和商业价值的创业项目，为大学生成功创业奠定基础。创业型人才培养成功与否与课程设计、创业导师和创业中心三个微观环境因子密切相关，还与整个社会的支持体系相关。

5. 创业型人才培养的宏观作用机制分析

（1）创业文化对创业型人才培养的影响。文化作为一种无形的精神力量，能够使人形成内在的动力，改变人的思想和行为，并且对社会经济发展也起着不可替代的作用。随着市场经济的发展，创业文化作为文化的一部分，其作用也越来越重要。市场经济的发展离不开创业文化，一个地区的经济发展水平与该地区的创业文化息息相关。创业文化能够推动社会经济发展，能够提升一个国家或地区的综合竞争力，是促进人们创新创业、推动经济社会又好又快发展的强大精神力量。

创业文化对创业型人才的培养有着至关重要的作用，创业文化是培养创业型人才的重要土壤。在大学生群体中，流行着这样一个观点：毕业的时候如果找不到工作，就去创业。在他们看来，创业是找不到工作的一个退路，是没有办法的办法，这种观点非常不利于创业教育的开展和创业型人才的培养。要培养创业型人才首先要改变大学生的错误观点，要营造一种健康向上的创业文化氛围。健康向上的创业文化是一种推崇和鼓励创业、理解和容忍失败、鼓励探索和创新的文化，这种文化能够为大学生创造一个宽松自由的创业环境，能够树立大学生对待创业的积极态度，能够激发大学生的创业热情，能够培养大学生的创新精神，让大学生真正体会到创业是一种光荣并且愿意加入创业队伍中来。

（2）创业政策对创业型人才培养的影响。2010年4月，为了鼓励大学生创业，教育部出台了一项政策：大学生、研究生可以休学保留学籍，创办高新技术企业。2012年4月，教育部将清华大学、北京航空航天大学等九所高校指定为创业教育试点学校，率先系统开展创业教育。从2012年起，教育部、劳动与社会保障部、人事部等部委及许多地方政府相继出台了有关政策，鼓励和帮助大学生自主创业，灵活创业。

随着大学生就业压力的增大，自主创业成为大学生就业的重要增长点。为了鼓励高校毕业生自主创业，2014年2月国务院办公厅下发了最新通知，提出四项优惠政策鼓励大学生自主创业。第一，对高校毕业生从事个体经营符合条件的，免收行政事业性收费。第二，提供小额担保贷款。对于创业者而言，资金困难是创业路上最大的绊脚石，是制约企业发展的瓶颈。针对这一问题，通知明确要求，在当地公共就业服务机构登记失业的自主创业高校毕业生，自筹资金不足的，可申请不超过5万元的小额担保贷款；对合伙经营和组织起来就业的，可按规定适当扩大贷款规模；从事当地政府规定微利项目的，可按规定享受贴息扶持。第三，享受职业培训补贴。要想创业成功，仅有创业意愿还不够，关键还要提高创业者的创业能力。对创业者提供职业培训是提高创业者创业能力的有效途径。为了鼓励支持更多的高校毕业生参加创业培训，通知明确要求，有创业意愿的高校毕业生参加创业培训的，按规定给予职业培训补贴。第四，享受更多公共服务。高校毕业生想创业，会面临项目选择、市场推广等一系列问题，为解决这类问题，需强化高校毕业生创业指导服务，提供政策咨询、项目开发、创业培训、创业孵化、小额贷款、开业指导、跟踪辅导的“一条龙”服务。通知还要求，各地要建设完善一批投资小、见效快的大学生创业园和创业孵化基地，并给予相关政策扶持。

（3）创业市场对创业型人才培养的影响。随着卖方市场的出现，人们的个性化需求越来越突出，产品的生命周期越来越短，对创新型产品和服务的追求成为市场经济的一大新特征，这使得市场经济走向了新的阶段——创业市场阶段。

复杂多变的市场环境为创业型企业提供了新的机遇，创业型企业可以利用其创新优势发现和抓住转瞬即逝的市场机会。市场机会存在于社会的各个方面，是多种多样的。为了及时发现、识别和抓住市场机会，创业者就需要了解市场机会的各种类型，以便机会来时能及时捕捉而不错过。创业市场机会是创业企业之前没有涉及过的领域、没有生产过的产品和没有进入过的市场，创业企业能够通过这些机会获得盈利。当今世界经济发展迅速，市场格局多元化，使得创业市场机会的特征也呈现多元化趋势。市场机会既具有客观性和偶然性，又具有均等性和差异化，还具有普遍性和地域性，市场机会的这些特征使得创业型企业能够更好地发挥优势，避开劣势。另外，当今世界的宏观环境，如政治环境、经济环境、文化环境和技术环境变得越来越复杂，这些复杂的环境因素也给创业型企业带来了机遇和挑战，使得创业型企业能够利用自身灵敏、灵活、伸缩性强等特点开发新的产品与服务，开辟新的市场。

（三）社会生态系统中大学生创业型人才培养具体模式探讨

1. 创业导师制与创业团队合作制模式

聘请创业导师是创业教育的重点环节，创业导师制的实行能更加有效地挖掘学生的创业潜能，培养大学生的创业综合能力，推动大学生创业与就业，培养未来优秀企业家。而且，创业导师的加入使高校创业教育的师资更为强大，内涵更为丰富。创业中心可聘请成功的创业者、高校经管专业资深教师做大学生创业导师。创业导师可为创业中心的各创业团队提供创业、团队建设、企业经营、行业信息、管理等方面的咨询、辅导与帮助等工作，促成大学生创业者与创业导师的近距离接触，帮助创业团队提高对商业机会的识别和判断能力与对风险的抵御能力，从而提升创业企业的成活率。创业中心对创业导师实行统一管理制度，并且导师一经确定，原则上不再中途更换。创业导师通过讲座、沙龙等形式，对创业中心的大学生创业团队进行培训与咨询。另外，创业中心可向发展潜力大、产品市场前景好的大学生创业团队配备专门的创业导师。该导师通过提供培训、指导意见、一起工作等多种形式，向这类团队提供一条龙服务。

对于聘任为创业中心的创业导师，创业中心向这些导师统一授予“创业导师”证书，并向优秀的创业导师颁发荣誉证书等，以对创业导师进行精神鼓励。另外，对创业导师进行物质奖励，通过专家培训费、咨询费的形式对大学生创业导师进行补贴，如创业导师每对一名大学生或一个大学生创业团队进行创业阶段指导服务的，给予3000元的综合性补贴；每指导大学生在工商注册开业一家企业且稳定经营一年以上的，给予1万元的绩效奖励；创业导师提供经劳动行政部门同意开展的专项服务的，给予每人每次2000元的补贴。

创业导师除了向大学生创业团队提供帮助外，还可以带项目过来与大学生创业团队合作。

2. 校、政、企合作模式下创业型人才培养模式

探索学校与劳动和社会保障局、省教育厅及知名企业合作模式情况下的学生创业教育模式，包括让学生参与到创业咨询、创业调研中去。利用劳动和社会保障局政策获取贷款，运作小项目，利用创业团队资源为企业进行产品推广等。探索该模式存在的问题及对策。

创业型人才培养模式及其目标决定了高校必须和当地政府、企业合作，为提高大学生创业素质搭建平台。例如，上海教委、科委成立了5亿元的天使基金，专用于大学生创业。辽宁省政府出资5000万元，加之各地市不低于500万元的配套资金，建立了大学生创业基金，并建立了创业大厦，对大学生创业进行辅

导，形成整套的促进大学生创业的政策体系。政府要在“校、政、企合作模式”中起引导作用，为大学生创业者提供宽松的创业环境，从政策上扶持，从策略上引导。企业担负着把学生理论知识转化为实际运用的重任，是培养学生创新能力、实践能力和创业精神的重要基地。学生通过到企业实习、调研，了解企业需求，明晰自身不足，培养其对社会、对企业的感性认识，提高职业素质和创业能力。

不过当前“校、政、企合作模式”还不成熟，尚存在一些问题，如政府及相关部门的一些政策不能落到实处，企业与高校的互动性还不够紧密。为使“校、政、企合作模式”良好运作，就需要采取以下措施解决这些问题：

（1）政府要提供立法保障，明确校、政、企各方职责；政府可为校企双方牵线搭桥，组织学校和企业开展合作，为校企合作提供平台；另外，为推动企业主动参与进来，可推行企业接收实习生制度，政府对接收实习生的企业提供税收、就业补助等优惠政策；而且，政府要加大对高校创业教育经费的扶持力度。

（2）大学是培养人才的摇篮，是主要的知识创新源，而且担负着培养创新、创业型人才的重任。创业型人才培养方案要与社会紧密结合，与企业界保持密切联系，要制订适合社会、企业所需人才的培养计划。高校要与企业建立更加紧密的联系，建立一个长期的、系统的培养体系，共同提高教学水平，增强学生就业能力和创业能力。另外，高校里有实战经验的教师还很少，需要培养自己的教师队伍及从企业界引入师资。

3. 产、学、研项目驱动下的创业型人才培养模式

产学研合作教育就是充分利用高校、企业和科研院的各自优势，把以课堂传授知识为主的理论教育与直接获取实践能力为主的生产、科研实践有机结合起来。高校具有明显的教育优势，产业与科研院处于产品开发、科学研究的前沿。高校、企业、科研院三方本着“优势互补、互惠互利、共谋发展”的原则，共同开展“产学研合作教育”。这种教育模式可以使高校的人才培养方案更加贴近社会发展需求，从根本上解决高校培养人才与社会所需人才脱节的问题，缩小学校和社会对人才培养与需求之间的差距，以达到培养应用型创新人才的目的。

但是，在产学研合作教育上却出现了“高校积极性很高，企业的积极性并不高”的现象。这主要是因为在产学研合作教育中，诸如大学生实习的安全性、

能否为企业带来效益等问题影响了企业与高校产学研合作的积极性。而且，高校科研项目与企业要求相距甚远，科技成果难以获得企业的青睐。高等教育改革的核心在于对创新、创业型人才的培养及高新科技成果向产业部门的转移。要培养创新、创业型人才，高校必须以各种形式进入企业，或同企业结合，走产学研结合的道路。另外，政府需要制定相应的政策来吸引企业的主动参与，让企业自觉地、主动地为人才培养做贡献。政府要制定相关政策大力支持企业研发人员与高校和科研院研发人员之间加强联系、信息共享和相互学习，大力支持企业研发人员到高校和科研院所进修访问和共同研发新技术、新产品。政府设立的技术创新和技术改造资金及中小企业技术创新基金应坚持产学研结合导向，重点支持产学研合作项目，引导企业加强与高校合作。同时，高校应善于发现和利用各种渠道，利用社会资金开展产学研合作，推动产学研的发展。

产学研结合是培养学生创业意识、创业知识和创业能力的重要途径。产学研结合克服了传统的办学模式中人才培养与社会需要相脱节的现象，促进了大学的学科建设及教学内容和课程设计的改革。通过产学研结合，不但可以巩固学生所学的知识，而且可以扩大学生的视野，使学生的主动性、创造性得到更好的发展。产学研结合为学生提供了更多实际动手的机会，把“学”与“干”结合起来，极大地增强了学生的实践能力。另外，高校还可鼓励学生团队参与到高校科研教师成果转化过程中来。

第二节　高校教育分类体系下的创业教育与人才培养模式

一、师范院校开展创业教育浅论

（一）师范院校开展创业教育的目的

创业教育是指培养学生创业素质的教育活动。创业教育主要是通过改革课程体系、构建创业教育课程和课外实践活动的开展，不断增强学生的创新意识、创造精神，使学生具备创业能力。

为什么要开展创业教育？创业教育是一种新的教育观念，它不仅是素质教育的要求，而且是教育创新和培养学生实践能力的要求。具体地说，其必要性主要有以下几个方面：

一是当前就业形势的要求。由于现阶段我国劳动力人口与高校毕业生同时呈现增长高峰，加上经济结构调整、产业升级和社会转型的推进，需要再就业的人数较多，全社会整体就业形势严峻，高校毕业生就业压力凸显。因此，当前就业形势很不乐观，就业压力很大。面对这种压力，高校必须通过加强创业教育来引导毕业生积极自主创业，拓宽就业渠道。

二是大学生的基本素质要求。在知识经济时代，需要大批具有创新精神和创造力的人才。创业是一项综合技能的展示，是高智慧的活动，需要具有很强的运用和驾驭知识的能力。高校学生必须通过创业教育进行系统的创业训练，掌握较为扎实的创业技能。

创新教育的主要内容有哪些？概括地讲，主要有以下几个方面：

（1）培养学生良好的自主创业意识，树立全新的就业观念。高校要帮助学生转变就业观念，树立主动创业意识，要通过积极开展创业教育培养大学生的创业潜能，鼓励大学生开拓创新，用自己的聪明才智为社会多做贡献。

（2）引导学生掌握创业的基本知识、基本理论和基本方法。创业不仅需要扎实的专业知识，更需要广博的知识积累。创业活动是面对市场的实践活动，不仅需要专业知识，更需要市场运营的实际能力，这些都给教师和学生提出了很高的要求。教师必须对创业的整个过程有全面的了解，熟练驾驭创业教育课程，使学生能掌握创业所必需的基本知识、基本理论和基本方法。

（3）培养学生创业的基本素质、基本能力和基本品质。创业基本素质由创业意识、创业心理品质、创业能力和创业知识结构四部分组成。为此，创业教育应紧紧围绕创业基本素质的培养目标进行。与创业有关的素质和能力主要有创新素质与能力、经营管理能力及社会活动能力，与创业有关的品质主要有思想品质和心理素质。创业教育的基本要求是把培养学生的创业精神与能力放于中心地位，教学活动始终围绕培养学生创业精神和创业能力而展开，把学生培养成具有视野开阔、主动创新、勇于实践的复合型人才。

（二）师范院校如何开展创业教育

作为以培养教育师资为主要职责的师范院校，面对当前比较困难的就业形势，面对师范院校毕业生多元化的择业趋势，开拓更为宽广的就业渠道和就业空间已是大势所趋。因此，笔者认为，师范院校更应当重视并积极开展创业教育。

1. 师范院校创业教育的现状

当前，师范院校创业教育的现状不容乐观。

根据相关调查，师范院校学生在“双向选择，自主择业”的就业政策下，择业意向已经呈现多元化趋向，但大多仍然是选择教师职业。

根据中华英才网新近发布的《2017中国大学生择业价值观及求职心理调查报告》，师范类大学生在回答“毕业后的意向”时，79.2%选择找工作，选择毕业后创业的仅有4.3%。

当前，师范院校的创业教育不仅存在以上问题，还普遍存在以下问题：

（1）创业教育观念落后，对学生创业教育的重要性和必要性认识不足，只有少数师范院校把大学生创业教育纳入系统的学习和课程体系中。

（2）缺乏相应的师资力量。在开设了创业教育课程的少数师范院校中，授课教师也多是学术专家出身，缺乏创业经历和实践能力。

（3）没有形成权威的教材体系。

（4）创业活动流于形式，缺乏相应的培育学生创业的具体措施，教学模式也往往局限于知识传授型，没有给学生足够的实践机会和发展空间。

基于这种形势，师范院校如何开展创业教育？

2. 师范院校如何开展创业教育

笔者认为，大学生刚毕业时因为缺少真正的创业实践经验和创业资金，所以这时并非创业的最佳时机。另外，虽然当前许多师范院校也开设了非师范类专业，也在培养非师范类学生，但作为师范院校，其主要培养目标仍然是培养中小学师资，自主创业并非作为师范院校毕业生的第一选择。但师范院校毕业生具备强烈的创业意识和创业精神是作为教师必备的素质，也是将来创业的基础。所以，师范院校开展创业教育，重点应该放在培养学生的创业意识和创业精神上，其次是培养创业能力。

（1）转变师生观念，培养创业意识。引导和鼓励大学生自主创业是一篇大文章，要做好这篇文章就要加强大学生的创业教育，其中首要环节就是转变创业观念，树立创业意识。大学生只有转变创业观念，树立强烈的创业意识，才能不断创新、创业。据调查，目前我国大学生创业的人数还比较低，不到毕业生总数的1%，在创业教育方面，我国平均水平低于全球平均水平。

首先，师范院校师生要改变单纯的就业观念，不能只认为毕业了，只是要找一份工作，应该树立起既要就业又要创业的崭新观念。要真正开展创业教育，教师队伍建设就该有所改造。要培养具有创业素质的学生，教师就必须有过创业实践。

其次，要积极引导学生树立以下五种创业意识：

1）自主创业意识。要根除享乐思想、依赖思想，增强抗挫折能力。教师要从以下三个方面去引导师范生树立自主创业意识：一是不能仅寄托于竞争现有岗位的就业，而要勇于创造新岗位自主创业，要充分发挥自己的知识和能力优势，创造更多的就业机会。二是不能仅仅在就业岗位上谋生，也要在工作岗位上创新、创业。要放弃找到工作就一劳永逸的念头，树立起找到工作只是创业开始的意识。三是要放弃锁定一个单位就“从一而终”的思想，而要主动适应岗位的转变。

2）艰苦创业意识。师范生中独生子女多，自主性差，缺乏艰苦奋斗意识。但创业是艰辛的，必须付出很多汗水，并承担很多风险。任何成功的创业者都必须具备坚韧不拔、不怕失败、勇往直前的艰苦创业精神。因此，要引导师范生树立远大的理想，培养不怕艰难困苦、勇于开拓的精神；要在学习和工作上刻苦努力，奋力拼搏；要在生活上艰苦朴素、克勤克俭。

3）风险创业意识。承担风险是创业过程中不可分割的一部分。创业者要有充足的承担风险的勇气。树立风险创业意识，一要加强心理素质训练，要有卓越的胆识、坚强的意志和豁达的胸怀；二要用成功的创业者的事迹来激励学生，并为学生提供创业借鉴。

4）开拓创业意识。创业是一个发现和捕捉机会并由此创造新价值的过程。创业的前提是要开拓创新，树立开拓创业意识，一要强化素质、加强实践，注重创新能力的培养；二要积极参加社会实践，提高创新能力和实际动手能力。

5）合作创业意识。学生从小学到中学、大学，都面临着一系列竞争。竞争的强化导致合作精神的淡化。而合作在科学研究中已经成为一种趋势，学会合作是21世纪人才的必备素质。美国哈佛大学心理学教授乔治·赫华斯博士多年的研究表明，一个人事业的成败在于人品的优势，“与同事真诚合作”是成功的九大要素之一，而“言行孤僻，不善与人合作”则排在失败的九大要素之首。因此，培养学生的合作创业意识非常重要。这种培养要渗透学校教育的方方面面，在整个教育过程中训练学生的合作创业精神及能力。

（2）构建创业教育体系。为培养学生的创业精神、创业意识和创业能力，师范院校应该根据自身的特点，构建起创新教育体系。

1）开设创业教育课程。创业教育课程要建立在素质教育和创新教育的基础上，要改革现有的课程体系，形成创新人才的培养模式。

在创业教育课程的实施中，要开展多种形式的教学活动，通过理论讲授、创业实践案例、有创业经验的专业人士讲座等丰富多彩的教学形式，让学生掌握创业的基础知识、基本理论和基本技能。

2）开展创业实践。开展创业实践是构建创业教育课程体系的重要内容，也是学生的创业知识学以致用的重要保证，不可缺少。这应该从以下几个方面入手：一是学校要建立创业实践基地，为学生提供创业见习和创业实习的空间。有条件的学校可以开设学生创业园，为学生的创业提供用武之地；二是根据师范院校的特点，积极开展创业实践活动，如创业设计大赛、参与企业创业策划和实践等。

3）建立创业教育评价体系。师范大学生创业素质评价是以学生创业的业绩为指标构成的测评体系，其测评考核方法包括书面考核和实践操作检验。书面考核着重考查影响广泛的、稳定的、潜在的能力，实践操作检验可以通过创业方案的设计、创业计划的实施效果等对学生进行检验。然后，综合书面考核与实践操作检验对创业教育进行全面评价。

建立科学有效的创业教育评价体系，第一可以对创业教育本身进行客观评价；第二可以通过评价信息的反馈来改进和优化创业教育，可以促进创业教育的发展和深化，促进创业教育氛围的逐步浓厚，对创业教育起重要的推动作用。

二、高职院校开展创业教育的思考

随着就业形势的日益严峻，毕业生就业压力不断增大，高职毕业生面临着前所未有的强烈危机感。创业教育越来越引起高职院校的重视，培养出更多的创业者成为各院校的共同识。高职院校迫切需要探索适合自身情况的创业教育模式。

（一）高职院校创业教育存在的主要问题

1. 创业教育观念落后

虽然对于创业教育的重要性，中央已经给予了高度重视，但实际上各高职院校对创业教育在新时期的战略意义还缺乏明确的认识，更没有从行动上重视起来，即使实施有关教育，也无非是将原来创新教育的内容改头换面、重新包装，创业教育在实践中被认可的程度之不足可见一斑。高职院校实施创业教育，并不是要求学生在学习期间或一毕业就马上创业，而是在大学期间播下创业的种子，了解什么是创业、如何创业和怎样创业，对学生进行创业的初步训练，发展他们的创业能力，使他们毕业后能够成长为创业型人才。

2. 高职院校创业教育的师资队伍建设有待进一步加强

创业教育作为实践性很强的一门课程，对师资要求相对较高，既要具备一定的理论知识，又要有丰富的创业经验。高职院校创业教育师资队伍有待加强，主要表现在以下几个方面：

（1）多数高职院校没有形成专业的创业教育师资队伍，绝大部分的创业教育的老师都是兼职的，学历层次、职称水平和创业教育水平参差不齐。

（2）教师数量明显不足，且年龄结构不合理。高职院校创业教育师资严重不足，很多高职院校担任创业教育的老师都是由基础课教师、辅导员、就业工作人员和其他学生管理人员组成的，年龄普遍较小，普遍缺乏创业教育的经验。师资的缺乏造成兼课教师的行政工作和教学任务非常繁重，这就很难保证创业教育的教学质量。

（3）缺乏创业实践经验的教师。在当前的高职院校中，非常缺乏既有创业实践经验，又有较高创业教育水平的教师。虽然为了加强创业教育的实践性，大多数高校聘请了一批企业家担任客座教师，但是他们多以讲座形式进行，并没有形成体系，加上缺乏组织协调、制度保障和资金支持，且外请的部分创业者或企业家缺乏教学经验，教学效果不佳。

3．高职院校创业教育的课程设置尚不完善

大学生创业能力的培养，归根结底要落实到课程设置之中。目前高职院校创业课程缺乏合理的安排，没有科学统一的教材，课程内容多为有关创业的基本原理与方法，忽视对学生进行市场开拓能力、经营管理能力、决策能力、交往协调能力、创新能力等创业能力的教育，导致大学生不具备成为企业家的知识结构和行为能力。

4．创业教育的实践活动欠缺

实践课是培养学生具有创业精神和创业能力的重要环节，而目前高职学生的创业教育不太注重创业实践和实务，使得创业教育缺乏真实性和有效性。

高职院校在开展创业教育过程中，创业教育很多都停留在讲座、创业方案设计比赛、课堂教学及就业指导过程的穿插等方面，这些大都停留在说教层面，创业的实践活动层面很少，主要表现在：第一，缺乏学生创业实践的平台；第二，缺乏辅助学生开办小企业的资金；第三，缺乏与企业之间的联系。与企业联系是充分利用已有的社会资源，加强创业教育实践环节的有效手段，但目前，高职院校与企业在这方面的联系较为薄弱。

5．缺乏后续的创业指导

后续的创业指导是各个高职院校普遍缺乏的，因为大部分的学校认为，学生毕业后就已经与学校脱离了关系，不再属于自己的服务范围，因而创业的后续指导更无从谈起。

（二）加强高职院校学生创业教育的对策

1. 更新观念，增强创新意识

创业教育是一种实践性、综合性很强的教育，它需要高职院校加强认识，加大投入，以保证创业教育的实施效果。要提高对创业教育的认识，必须树立现代教育观念。只有首先从思想上解决了对创业教育的认识问题，高职院校才能高度重视创业教育。高职院校要引导学生增强创新意识和创业精神，教育学生全面理解创业的重要意义，使他们认识到创业人才的培养在我国当前就业形式下的重要作用。因此，高职院校首先要改变传统就业观念，树立创业教育观念。要积极开拓学生思维，创新就业观念，树立创业是就业的有效途径的观念，使其主动树立创业意识，培养创业思维，掌握创业技能和方法。

2. 重视创业教育师资的培养，是加强创业教育的基本保障

教师队伍的素质与水平决定教育活动中人力开发的质量和效率，解决师资问题要采取的各种形式和途径，举办适应创业教育的师资培训班，要把培养和造就合格的师资队伍作为开展创业教育的第一要务，努力建成一支既有丰富理论知识，又有一定实践经验的教师队伍。只有教师具有自觉进行创业教育的思想，注意挖掘各种有利创业教育的因素，创业教育才能结出丰硕之果。同时，要改革课程设置，构建具有创业教育特色的课程结构。

3. 建设创业教育课程体系是实现教育目的和培养目标的重要手段

高职院校创业教育应按照培养目标的具体要求，选择相关教学内容整合成具有特定功能的课程模块，把创业教育课程纳入人才培养方案，通过组织教学，实现创业教育的目标。一方面要对学生进行必要的创业基础理论教育。通过讲授企业家精神、创业政策、创业法律、创业文化等内容，可以使学生比较深入地认识企业家精神的本质和创业者必备的素质，具备创业者的法律和道德意识等。另一方面，要开展创业专业知识教学。开设以创业学及企业管理、产品开发、市场营销、企业策划等基本知识为主体的选修课，使之与专业课程设置相配套；要把创业社会常识、创业指导、创业心理和技能、市场经济、经营管理、公关和交往、法律和税收等与创业密切相关的课程增加进去，从而促成学生对创业理论的了解。

4. 创业实践是创业教育中的重要环节

创业实践是培养与创业相关知识和能力的主要途径，是创业教学的重要组成部分。

（1）开展社会调查。通过寒暑假及专业实习、课程实习间的社会调查，让学生接触中小企业创业过程、经营状况、管理方式等；参观人才市场，了解人才招聘的方法和程序；到工商局、税务局、银行等了解业务的处理程序等。

（2）创业设计训练。结合自己的知识和能力，对创业方案进行资金筹措、场所选择、经营项目和特色、员工的招聘和安排、营销策略及广告策划、成本核算和利润指标等的周密设计，通过企业行家和教师评议后进行反馈，培养学生创新精神、科学性和现实性创业态度及综合分析能力。

（3）情景主体实践。例如，电子商务专业成立“学生营销公司”，学生自己筹措资金，制订经营方向和计划，自己进行成本核算，并实行赢利分红，共担风险机制；计算机应用专业成立“学生软件园”，承揽计算机软件开发、企业网页制作及相关业务，组织小组共同协作，完成所承揽业务。通过多样化主体实践活动，让学生积累丰富的创业实践经验，提高运营技能。

（4）举办创业设计大赛，鼓励学生将创业想法形成完整的创业项目计划书并参赛。对于创业可行性高的项目，由学校提供场所，建立创业孵化基地，给学生时间、场所完善项目，促成创业的成功。

5. 加强对学生创业的后续指导

对已经毕业的学生进行跟踪调查，跟踪了解已经创业的毕业生的创业项目的执行情况，提供必要的理论支持，帮助他们迅速成长起来。对于有创业意图，但仍没有行动的毕业生，要了解他们的想法，帮助他们解决遇到的困难。加强毕业生创业的案例积累，作为对在校学生的指导素材。

（三）加快我国欠发达地区高职院校创业型人才培养模式的策略选择

开展欠发达地区高职院校大学生创业教育，构建创业型复合人才培养模式，学习借鉴国内外高校创业教育的先进理念，开展高职院校大学生创业教育教学改革实践，构建高职院校大学生创业教育体系，培养大学生的创新精神和创业能力，提高大学生的创业素质和核心竞争力。

1．更新教育观念，确立创业理念

树立高职院校大学生创业教育新理念，迎接高职教育国际化、市场化和品牌化挑战，在高职院校大学生中进一步培育创业意识和创业精神。在实施创业教育中，欠发达地区的高职院校应科学论证，准确定位，强化质量意识，创建办学特色，塑造教育品牌，树立正确的育人理念，培养大学生创业素质和核心价值观，构建大学生创业教育体系，实施创业教育是贯彻落实党的教育方针，实施科教兴国和人才强国战略的必然选择，实施创业教育是深化素质教育和提高大学生综合素质的重要举措，创新就业观念，实现大学生由被动就业到自主创业转变。创业教育应以学科专业教育为基础和载体，着力提高大学生的核心竞争力，在建设校园文化、塑造大学精神中进一步营造和谐的创业文化。

2．创新教育载体，加强创业实践

坚持以人为本，落实科学发展观，构建创业型人才培养模式，加强大学生创业教育的理论与实践研究，建立创业人才脱颖而出的机制体制。欠发达地区高职院校在实施创业教育过程中，要探索走政、校、企联合培养创业人才的模式、实施“产、学、研”一体化道路，在大中型企业建立大学生创业教育实践基地，组织学生定期到企事业单位参加专业实习和创业实践。高职院校应充分利用自身的人才优势、科研优势创办实体、大学科技园区、创业园区，为学生提供必要的创业实践基地。根据各学科专业特点，制定和落实创业人才培养方案，开展创业教育实践活动，鼓励学生尝试创办企业。学生通过创业实践体验创业的乐趣，体味成功的经验与失败的教训，在创业实践中增长才干，在创业实践中提高创业素质，进一步培养学生的创业能力和创业精神。

3．推进机制创新，优化创业环境

各级政府应制定相应的优惠政策，加快机制创新与体制创新，进一步创造优化和激励大学生自主创业的制度环境和政务环境。从国内外创业教育的成功经验来看，创业活动很多都来源于大学生的创业计划大赛、商业策划大赛，学生在参与创业作品设计过程中，充分发挥创业团队力量，灵活运用各种知识、能力和资源，其本身就是艰苦的磨炼过程，对大学生创业思维的训练和创业能力的培养是十分有益的。欠发达地区高职院校要通过建立创业创新学分模块，开展学科竞赛、课题研究、创业论坛、创业教育课等多种方式实施大学生创业教育，定期开设企业家论坛、创业骨干培训班，改善创业教育的软硬件条件，积极组织和鼓励学生参加全国挑战杯创业大赛、电子商务大赛、营销策划大赛、广告创意大赛、数学建模大赛等学术科技活动，出台支持大学生个性发展和自主创业的终身学习制度与教育法律法规，为学生开展自主创业提供项目论证、技术服务等支持，为学生开展自主创业提供创业基金和信贷金融服务，营造浓厚的创业氛围，推进全民创业活动，为培养创业人才创造良好的社会环境。

4. 创新人才培养，构建创业体系

加大对我国欠发达地区高职院校大学生创业培训、创业教育和创业实践扶持的工作力度，营造创业教育的浓厚氛围，构建完善健全的高职院校大学生创业型人才培养体系，提升大学生的核心竞争力，不断增强欠发达地区高职院校的品牌竞争优势。科学搭建创业教育的教学内容体系，形成具有我国特色的由小学、中学到大学的创业意识启蒙——创业知识学习——创业能力培养的创业教育目标及课程体系，实现对高职院校大学生的创业意识、创业心理、创业道德、创业知识、创业技能的全程化、全员化、系统化、科学化人才培养模式。建立健全各级各类学校相互衔接的创业教育目标体系，构建渗透于各学科、适应各层次学校的创业教育课程模块，改革与创新高职院校创业型人才质量评价体系。

三、农业院校独立学院依托共青团组织加强创业教育的实现途径探究

独立学院是我国高等教育大众化过程中产生的新的教育组织形式，但由于独立学院大学生学习基础相对于一本、二本学生有一定的差距，因此，独立学院大学生更需要加强大学生创业教育。通过研究创业教育在独立学院的开展，培养应用型、创业型人才，是缓解三本大学生就业压力的一个有效方式，也是独立学院自身可持续发展的内在需要。另外，独立学院学生相对于一本、二本学生而言，家庭背景和社会关系相对较优越，学生思想活跃，兴趣广泛，多有特长，组织能力、协调能力和管理能力较强。这些有利于创业型人才的培养，都为独立学院学生的创业打下了良好的基础。

如今，全球金融危机带来的经济减缓、企业裁员，使大学生就业难的负面效应更加凸显。在相同培养模式下，独立学院学生的就业竞争力远低于重点院校和普通本科院校的学生。这是困扰独立学院毕业生就业难的主要原因。导致独立

学院毕业生就业力偏低的原因有很多，有学者认为主要有以下几个原因：高校专业设置与快速变化的市场需求不相适应；培养模式单一，忽视个性化人才的培养；缺乏创新创业能力的培养；政府、学校和社会缺乏有效的就业指导体系等。在这些原因中，笔者认为，独立学院毕业生创业意识的缺乏和创新能力的不足是最根本的原因。

因此，要提高独立学院毕业生的就业竞争力，就必须从培养和提高学生的创业意识和创新能力着手。创业教育，作为一种培养创新型人才的教育模式，已越来越被大家所认可和推广。

（一）依托共青团组织加强对大学生创业教育的必要性和意义

创业教育（Enterprise Education）是联合国教科文组织于2001年11月在北京召开的“当代教育国际研讨会”上提出的一个全新概念。对于高校来说，创业教育就是为学生提供创办企业所需要的创业意识、创业精神、创业知识、创业能力及其相适应实践活动的教育。创业教育的直接目标并不是让所有学生都走上自主创业之路，只是想尽可能提升大学生的社会适应能力，让更多大学生在事业发展过程中更具备独立发展与抗击风险的能力。

大学生创业教育是高校共青团组织工作的重要内容，有意识地加强对大学生的创业教育，对提高人才培养的质量，对高等教育的改革和发展等都具有重要的意义，主要包括：

（1）加强对大学生的创业教育有利于青年大学生实现自我人生价值，理想创业是大学毕业生就业过程中的一种新选择，是对传统就业观、就业方式的挑战，也是对自身智慧能力、气魄胆识全方位的考验。

（2）加强对大学生的创业教育有利于增强大学生的综合素质，减少传统的教育思想和教育模式对其的影响。

（3）加强对大学生的创业教育有利于有效缓解大学生就业压力。

（4）加强对大学生的创业教育有利于加快教育自身改革和发展。

（二）依托共有团组织加强大学生创业教育的实现途径

1. 营造积极参与创业的良好氛围

共青团组织要培养现代社会的创业人才，就要在校园里营造一个浓郁的创业氛围，不断强调创业文化，形成良好的创业文化环境。这种文化氛围应进一步唤醒学生的创业意识和欲望，树立创业信念，充分激发学生的创业热情，不断激励学生提高自身的创业基本素质，使大学校园内充满着浓郁的创业气氛。例如，利用学校的网络、广播、校报和橱窗等宣传工具，介绍创业实践活动信息，宣传创业典型，使广大学生积极参与创业成为一种自觉的行为。

2．开展创业心理品质教育

创业的成功在很大程度上取决于创业者的创业心理品质。创业心理品质是指对创业者在创业实践过程中的心理和行为起调节作用的个性心理特征，在创业教育中尤其要注意培养大学生的独立性、坚韧性、克制性、适应性等心理品质，为他们日后自主创业打下坚定的心理基础。共青团组织在创业教育过程中可以通过创新能力、创业能力、合作能力测试、创业心理训练等活动，培养学生的创业品质。通过团日活动、主题教育活动，邀请创业成功人士或学生中的创业实践者与大学生座谈交流，让他们了解创业过程，分享创业的酸甜苦辣，与创业人士面对面沟通，帮助大学生端正创业态度，培养他们敢想、敢做的心理品质，大胆展示自我，提高心理承受能力。

3．建立创业教育的实践基地，积极组织创业实践

共青团组织可以利用自身的优势，加强大学生创业实践基地建设。一是可在校外创立学生创业实践基地，为学生提供创业实战场所。共青团组织有目的、有计划地组织学生参与基层单位、工程项目、商务促销、社区服务等形式的挂职锻炼，由原有的专业实习的定向范围进行全方位的扩充，使他们将在学校学到的一些书本知识和实验技能运用到实际课题中去，增强创业能力。二是利用学校内部资源，充分挖掘和开辟校内创业市场，组织大学生进行创业体验。共青团组织可以成立由学生自主管理、自主经营的创业团队，在老师的指导下，让学生体验创业实践的全过程，培养创业精神和创业能力。

4．以校园文化活动为载体，开展创业教育

校园文化是一个学校精神环境和物质环境的载体，对创业素质的培养具有重要作用，通过这种文化的熏陶和感染，让学生逐步形成创业观念。共青团组织可以开展丰富的校园文化活动，加强对大学生的创业教育。例如，组织高质量的“创业报告”“创业论坛”“企业家课堂”“成功校友创业成功报告会”“创业

先锋进校园”等活动；举办“创业起点特训营”或“大学生创业素质培训班”；开展大学生创新创业设计大赛；开展模拟创业，成立模拟公司等。

共青团中央号召高校共青团要坚持人才培养为中心，以活动为载体，以培养人、塑造人为目标，这就要求共青团组织在培养和提高学生素质的过程中，要积极教育、引导、鼓励和带动学生，为青年学生成长成才提供更好的服务。加强创业教育是知识经济时代培养学生创新精神和创造能力的需要，是社会和经济结构调整时期人才需求变化的需要。因此，独立学院共青团组织要发挥各项优势，加强对大学生的创业教育，切实把握好人才输出的最后一关，提高毕业生的就业竞争力和社会适应性，从而真正解决独立学院毕业生的就业难题。

第三节 不同专业背景下的创业人才培养模式

一、创意创业型人才培养模式的探析

我国创意产业迅速崛起，并得到国家高度重视与积极支持。大力发展创意产业是中国进行产业结构升级，由“中国制造”到“中国创造”的必然选择。然而我国的创意产业发展却面临着人才匮乏的窘境，这与我国每年庞大的大学毕业生数量极不适应，暴露出当前我们在人才培养方面的诸多问题。通过对创意产业相关学科专业（艺术设计、建筑设计、工业设计、广告、传媒、计算机、音体美和文史哲等）教育现状的调研，发现我们的大学生普遍缺乏创意、创新精神，即使有创意也不会商业化，缺少创业知识和技能。这是制约我国创意产业发展的一个重要因素。究其原因，中国传统文化及传统的教育体制的负面影响对于大学生创新创业精神的制约和压抑不容忽视，在高校开展创意创业教育是创意产业发展的必由之路。因此，高校人才的培养必须打破传统的教育框架，竭力在传统教育模式基础上，探索将传统专业与创新创业实现交叉与混合的新模式，以满足时代对大学生创新精神、创新能力的要求，适应社会和经济结构调整时期人才规格变

化的需要，成为高等教育的基本目标之一。

（一）创意创业型人才培养目标与定位

创意创业型人才培养是以创意产业领域对创业型人才的知识、能力和素质结构要求和人才培养目标为依据确定人才培养规格。注重以人为本，促进学生知识、能力、素质协调发展，培养学生成为创意产业的积极推动者和实践者，成为在创意产业活动中个性突出、特色鲜明的创新型、应用型和复合型的人才。创意创业型人才具有很强的创新性学习的习惯，善于创意设计，具有敏锐的洞察力，能够发现、提出问题，成就动机高，具有坚韧不拔的意志，个性鲜明，有独到的思维方式，不仅掌握了理论知识，有专业的技能和实际的动手能力，更有创造的灵感和突破陈规的锐气。

在培养目标上：培养的是适应21世纪创意经济发展需要，具备专业背景且通晓经济、管理知识，具有人文精神、人文关怀品格、开拓、创新、创业精神与能力和现代市场视野的创意产业领域的高综合素质复合型创业人才。

在知识的构建上：搭建可塑性的知识框架，对学生掌握知识的要求较高，强调知识体系的完整、系统和科学性，强调以通识为基础的深厚专业理论基础、宽广的专业知识面和较强的科学艺术创造能力；同时构建学生掌握职业岗位技能和技术的操作性要求的知识，以培养学生具有扎实的职业技能、专深的岗位业务知识、较强的技术、艺术再现能力。

在素质和能力培养上：重视知识和技术的应用能力培养，同时要为学生构建应用知识进行技术创新和艺术开发的能力，强调综合素质的培养，培养技术型创造力、艺术型创造力、商业型创造力。

在人才培养模式的实现方式上：在重视理论教学的基础上，重视技术应用能力和艺术开发的能力的培养，重视实践教学，以多渠道的实践教学为基础和主要内容，培养学生的文化创意应用能力、技术应用能力和创新能力，在职业（或专业）范围内实现自主创业的思想。要建立有利于培养创意创业型人才的学校管理运行机制，同时要营造民主信任和竞争合作的创造性群体气氛。

（二）实现创意创业型人才培养模式的途径

针对创意创业型人才培养目标，以“创新实验室、创意工作室、创意创业实践基地”为支撑，以创意创业实验班为教学组织形式，实施“两个阶段”（素质形成、知识拓展、能力提升阶段，创意创新创业教育阶段）、“三个层次”（通识教育层次、专业教育层次和创意创新创业教育实践层次）的培养方案。在创意创新创业实践层次上，采取“学生团队+指导教师”的模式，认真进行课程设置及课程体系的优化。坚持专业教育与创意创业教育并重的原则，构建专业教育基础上的创意创业人才培养模式。

1.以创意创业实验班的形式组织教学

“创意创业实验班”将从创意产业相关专业选拔优秀学生，以掌握整体优化的知识结构为基础，更加注重学习能力、实践能力和创意创新能力，以及人文素质、科学素质和创新素质的培养，使学生通过学习能够建立起可适应终身教育及适应社会发展变化需要的知识、能力、素质结构。

人才培养课程体系由通识教育、专业教育、创意创业教育三种教育类别其15个课程模块组成。通识教育包括高等普通教育7种模块化课程，专业教育包括4种模块化课程，创意创业教育包括4种模块化课程。其中通识教育和专业教育模块化课程在本专业班学习，创意创业教育模块化课程在“创意创业实验班”学习。

2. 建立学研产相结合的培养机制

教育、研究、生产三者之间的有机联系的培养机制，是以创意经济发展的需求为纽带，通过组织结构性的安排、制度性的设计等机制，三种力量交叉影响，最终形成相互依存的互动的学研产相结合的培养机制。学研产合作教育就是充分利用学校与企业、科研单位等多种不同教学环境和教学资源以及在人才培养方面的各自优势，把以课堂传授知识为主的学校教育与直接获取实际经验、实践能力为主的生产、科研实践有机结合的教育形式。这是从根本上解决学校教育与社会需求脱节的问题，缩小学校和社会对人才培养与需求之间的差距，增强学生的社会竞争力的有效培养机制。创意创业型人才主要侧重于应用，学研产合作把传承知识、创新知识和应用知识三者有机结合在一起，是提高培养应用型人才质量的重要途径。其办法包括：

（1）组建产学研指导委员会，协调在学研产相结合的培养过程中产生的一系列问题，一般包括研究开发内容、人才培养数量与规格、课程设置、经费管理、人员互派等。三方本着优势互补、资源共享、互惠互利、共同发展的原则，以学科链对接产业链，就科研、人才培养、基地建设等创意创业型人才培养领域展开广泛深入的合作。

（2）开放办学，请进来，走出去。教学活动在企业与高校交替进行，以理论知识为基础，应用为目的，双方共同培养“应用型人才”，其基本做法是：学生在完成一定的专业学习后，被安排到与所学专业有关的合作公司、企业等进行创意产品开发工作，学生可以在与本专业有关的用人单位实习工作中获得实际工作经验，为毕业后创业奠定基础；用人单位可以发现优秀学生，并在实际工作中考核、录用未来员工，减少为职员支付的培训费用，有机会雇佣随时可得的临时工作人员，用年轻的技术人才充实企业的发展未来；高校则可以通过加强与企业和社会的联系，了解社会对毕业生的需求情况，不断改进人才培养策略，吸引优秀生源，提高学校知名度，增加办学资源，扩大办学规模和效益。在师资队伍建设上，一方面聘请企业或研究院所的专家到学校担任兼职教师，引进生产一线的“能工巧匠”充实实验实训教师队伍；另一方面，鼓励学校教师到企业或研究院所合作开发创意产品和承担研究项目。高校师资有了产学研结合的环境，可以及时将最新的原创设计理念和设计手段引进课堂，让学生有更多的实践和聆听智慧的机会，也便于为创意产业的发展储备新生力量。

（3）依托产学研合作，建设创新实验室、创意工作室、创意创业实践基地。“艺术教育与实践的结合，把‘教室’改为‘车间’的创举”，在工业发达国家，艺术设计教育早已成为定论。但是恰恰是这一点，成为我国艺术教育的薄弱环节。创意教育最不同于其他教育特征的就是“创造”，如果没有合理的教育系统，没有实施的操作空间，创意只能是停留在纸上。创意人才的培养专业化，应当充分利用创意机构已有的人才和品牌效应，以已经建成的创意园区为课堂，以专业特色为目标，培养创意创业人才。吸引企业在学校建立校内研究开发机构和实验、实训中心。利用企业资源，建立校外实验、实训基地和社会实践基地。每个专业都有对口的实践教学基地，让学生在生产和实际工作现场接受训练和教育，在生产实际和工作实践中学习，在实践中增长才干，更好地服务社会。

二、社会体育专业创业人才培养模式与实践

（一）以市场需要为导向改革课程体系

从专业设置着手，开设了当前就业前景好、发展潜力大的网球、健美操、跆拳道、体育舞蹈四个热点专业方向；课程设置以实用性为主，学生自第一学期起就选定一个专业方向为主项，一个专业方向为副项，一直到毕业，保证学生每周八节以上专业主项课和每周四节专业副项课；同时开设乒乓球、羽毛球、太极拳、瑜伽等社区开展非常普及的专业普修课程。在教学过程中，重点强化学生的职业技能，从而为就业打下坚实的专业基础。

在专业理论方面，我们精选了《运动解剖学》《运动生理学》《运动训练学》《体育社会学》《体质测定与评价》《运动竞赛学》《体育经营管理》《体育市场营销》《运动康复保健》《营养学》《休闲体育概论》《教育学》《心理学》，其中《教与学》《心理学》为选修课。合理配置教育资源，做到让学生学好、够用、实用的原则。从根本上改变传统体育专业教育在专业课程设置上的多、杂、虚的现状。

（二）学生实践能力培养

采用学-社会实践-学校的工学结合、产学结合的办学模式，彻底改变学生从学校到学校，从课堂到课堂，从书本到书本，与社会实践严重脱轨的传统教育模式。从大二开始，一方面利用双休日、课余时间充分挖掘周边社区的体育消费潜力，帮助学生开发自身的专业市场，从事专业教练员、陪练、健身指导等方面的工作；另一方面，建立实训基地，与用人单位签订用工协议，利用寒暑假的大块时间，让学生直接到各个俱乐部进行学习、工作。这有利于学生了解社会、熟悉社会，学会与人交往，熟悉俱乐部运作，提高专业综合能力，找到自身的优缺点，同时也巩固了学生的专业学习思想。另外，为有自主创业意向的学生适度地开放校园市场。高校经过一段时间的扩招和发展，师生多，校园大，蕴含着巨大的商机，并且校园市场又相对于外部市场风险较小，且在学校的管理范围之内。将这一市场向有自主创业意向的学生进行适度的开放，可以给他们一个锻炼的好机会，促进他们对校外市场的适应性，或者是作为他们进行社会创业的一个缓冲。这将有利于培养他们的自主创业能力，提高他们自主创业的成功系数，使一

部分学生能够自食其力，减轻部分家庭生活和学费负担。

（三）学生课余训练俱乐部化

我们采用俱乐部的运行模式，组织学生利用课余时间、双休日、节假日、寒暑假不间断训练；其中，每天俱乐部课余训练时间不少于四小时。几年来，对已建立网球、健美操、跆拳道、体育舞蹈四个专业俱乐部的管理日趋完善成熟。每个俱乐部有章程、计划、作息安排、阶段总结。系领导对教学效果、日常活动进行随时监控、检查。学院的教学资源得到充分的利用，学生的专业思想得到了巩固，身体机能能力和专业运动水平得到快速提高。同时，让学生参与俱乐部的运行、管理，学生综合素质及参与社会活动的竞争能力得到提高，有利于学生就业。

（四）拓宽学生职业能力

随着社会的发展和就业市场的导向，以往单纯强调学历文凭的就业观念将逐步得到纠正，而学历、技能并重的观念逐渐被社会认可。社会体育专业培养的学生，就业岗位逐步由教育类转向应用性、技术性、服务类；同时，休闲体育部门对从业人员更讲求“适用”“效率”和“效益”，要求应聘人员职业能力强、上岗快。这些情况就要求社会体育学生在校期间就要完成上岗前的职业训练，具有独立从事某种职业岗位工作的职业能力。在创业教育中，积极推行大学生职业资格证书制度，实行学历证书与职业资格证书并重制度，是培养创业型人才的重要举措。几年来，我们积极推行在读学生的社会体育指导员等级证书、体育经纪人证书、部分运动项目的裁判员一级证书、跆拳道项目的段位证书、健美操项目中的大众健美操、竞技健美操、器械锻炼的培训和鉴定，让学生在进入社会前接受职业培训，掌握操作技能和要领。职业资格证书对完善人才的知识、能力结构的评价起到了日益重要的作用，它正成为现代社会规范专业人才、劳动者职业行为的标准，也将成为规范与评价教育与教学是否适应经济、社会及市场发展的重要尺度，同时也引导学校的课程设置和培养计划更好地满足创新、创业人才培养的需要。

（五）积极开展对外交流

我系积极组织学生参加各项省级体育比赛和对外交流活动，增加学生接触社会的机会，提高社会活动能力；通过比赛，以赛促练；学生有了明确的学习目标，学习积极性得到了极大提高。

三、虚拟环境下电子商务创业人才培养模式

近年来我国电子商务迅猛崛起，而电子商务职业人才相对缺乏，大大制约了电子商务这一新兴的商务形式在我国的发展。如何培养掌握现代信息技术与创业能力的复合型人才，是摆在我们面前刻不容缓的问题。

（一）本科电子商务专业培养目标

培养具有良好的科学素养和创业意识，具备应用现代电子商务改造传统商务（业务）的知识和能力，能在工商企业、金融机构、事业单位及政府机构从事电子商务（业务）系统的规划、管理和开发的复合型创新应用人才。

（二）电子商务创业人员的基本素质

电子商务是一个复杂的系统工程，它涉及与计算机和通信有关的信息基础结构的建设和应用，数据标准化建设和处理，互联网的连接使用和管理维护的技术；还涉及企业营业管理有关的营销、销售、财务、管理等知识；同时还涉及贸易、海关、工商、税收、交通运输的综合性很强的岗位。因此，要求电子商务的创业人员有广博的知识和较强的综合素质。

（三）电子商务创业人员必备的知识和技能

（1）熟练掌握与电子商务相关的应用技术。例如，计算机和网络的应用技术、保密和安全技术、电子支付技术、企业信息系统管理技术、数据库技术、网站的开发和管理技术等。

（2）熟悉和掌握了解行业相关的经济、法律和技术知识。例如，熟悉整体经济和行业发展的大趋势、政策的走向、相关的技术发展趋势、有关的法律法规等。

（3）熟悉和掌握企业经营管理和贸易知识。例如，熟悉企业经济活动的整体运行规律，特别是企业的采购和销售业务；能有效地开展市场营销和各种促销活动；熟练掌握贸易洽谈的具体程序；能熟练进行贸易洽谈；掌握金融支付工具及财务核算方面的技能。

（四）电子商务师职业创业教育安排的学期

根据以上电子商务师职业技能教育实施前的专业核心课程安排，电子商务

师职业创业教育安排在第六学期以后是较为妥当的，这时的本科生已经基本上掌握了电子商务的基础理论，再通过电子商务师职业创业教育，能够较快地提高电子商务师职业创业的能力。

第七章

当代大学生创业分析

第一节　大学生创业教育评价模式的建构

一、大学生创业教育评价模式的诉求与困境

（一）大学生创业教育对于评价模式的基本需求

科学界定大学生就业创业教育评价的内涵是研究大学生创业教育评价模式的前提。综合学者们的观点，大学生创业教育评价是整合评价参与者对评价对象的各种认知并达成共识，在此基础上对大学生创业教育目标、任务实现和完成的程度、水平、状况所做的评价判断，是对大学生创业教育宏观运行和微观过程的信息反馈和调整纠偏。通过对大学生就业创业教育进行科学的评价，可以掌握我国大学生就业创业教育的现状，发现大学生就业创业教育发展过程中的关键性问题。一方面，可以为教育主管部门制定大学生就业创业教育相关政策提供依据和参考；另一方面，高校大学生就业创业教育管理部门可按照“以评促建”的原则，针对薄弱环节及时改进和完善，从而提高大学生就业创业教育质量，推动大学生就业创业教育发展。

从大学生创业教育评价的内涵界定中，可以推断出大学生创业教育两个基本的需求：第一，大学生创业教育仍处于萌芽期，需要通过外部评价活动对自身发展过程中存在的问题具有较为清晰的认知；第二，大学生创业教育需要多元化发展，需要通过有效评价为自身发展界定较为明确的目标。

（二）大学生创业教育评价传统模式

一般意义而言，模式是将解决某类问题的方法提升到理论层面而建立的范式，具有直观、简洁的特点。它往往具备解决问题的核心性，并能够形成对实践活动规范性与程序性的导引。“教育评价模式是指教育评价活动的理论图式和操作思路，是对构成教育活动各要素之间的组织形式的规定。”自20世纪30年代以来，西方教育评价理论获得了较为迅速的发展。改革开放以来，我国在教育评价

模式的研究方面也取得了较快的进步，综合来看大体可以分为两类，即目标类模式和应答类模式。

（三）大学生创业教育对于评价模式需求面临的主要困境

通过对常见的大学生创业教育评价模式的分析可以看出，无论是目标类评价模式还是应答类评价模式，虽然有各自的适用方面与优势特点，但都无法同时满足我国大学生创业教育对评价模式的两个需求，即目标类评价模式难以深入地诊断问题，应答类评价模式无法建立普适的评价标准。能否建立一种大学生创业教育的评价模式，同时满足大学生创业教育的两个需求就显得尤为重要与迫切。

二、大学生创业教育评价新模式的构建

针对大学生创业教育对评价模式的内在诉求，我们提出一种全新的大学生创业教育评价模式，即“目标–聚焦”（target–focus，TF）模式。TF模式深度融合现有两类教育评价模式的优势，不是简单相加，而是协调存在于一次评价活动中；同时，TF模式紧紧围绕大学生创业教育评价的需要，评价目标的双重设定，既要建立大学生创业教育共性的标准，又要实现大学生创业教育个性的诊断。

（一）TF模式的理论基础

1. 马克思主义的认识论

马克思主义的认识论是辩证唯物主义的重要组成部分，是关于人类的认识来源、认识能力、认识形式、认识过程和认识真理性问题的科学认识理论。它首先是可知论。认为客观物质世界是可知的。人们不仅能够认识物质世界的现象，而且可以透过现象认识其本质。人类的认识能力是无限的，世界上只有尚未认识的事物，没有不可认识的事物，从而与不可知论划清了界限。对于TF模式，我们认为一切大学生创业教育活动都是可以被人们认知的，而且这种认知是客观的，通过对大学生创业教育进行评价，可以认清大学生创业教育的本质，认清其开展的状况、存在的问题等。

2. 解释学循环理论

解释学循环理论指在对评价过程中发现的问题进行解释时，理解者根据评价过程中发现的细节来理解其整体，又根据评价的整体来理解其细节的不断循环

过程。在TF模式中，对大学生创业教育发展过程出现的问题进行诊断主要以解释学循环理论作为基础，不断建构利益相关者对评价目标的主张、焦虑和争论，从而追根溯源发现导致问题的深层次原因。

3. 利益相关者理论

根据利益相关者理论，任何一项系统都有利益相关者，他们与系统有紧密的利益关系，因此他们参与系统改进的愿望最为强烈。对于TF模式而言，大学生、创业者、授课教师、专业教师、高校学生辅导员、创业教育研究者、高校创业教育机构的管理者和教育行政管理机构的管理者等都是大学生创业教育的利益相关者，在评价指标构建和评价实施过程中充分地采用利益相关者协商更能体现评价的科学性和适用性。

（二）TF模式的核心观点

TF模式主要有五个方面的核心观点。第一，评价目标的双重设定。TF模式既能实现以规范大学生创业教育发展为目标的督查性评价，又能实现以解决大学生创业教育开展过程存在问题为目标的诊断性评价；第二，评价过程围绕利益相关者展开，他们对评价对象最为熟悉，同时也是评价结果的使用者和承受者；第三，评价包括目标评价和聚焦评价两个阶段，两个阶段相对独立又彼此联系，目标评价阶段为聚焦评价阶段提供检测到的问题，聚焦评价阶段为目标评价阶段的结果提供深层次解释；第四，评价方法的选择以能科学、高效地达到评价子目标的要求为原则，反对使用单一方法进行评价，不排斥任何研究取向有矛盾的评价方法在评价的不同阶段使用；第五，评价关键在于评价指标体系的构建，评价指标体系的构建要科学而全面，旨在提供“最低”的评价标准，采用二元评判方式。

（三）TF模式的实施步骤

TF模式的实施分为四个阶段。首先是评价前的准备，确定评价目标与评价对象，组建评价团队，沟通并收集信息，形成评价方案；其次是目标评价阶段，进行单项评价，在此基础上进行综合评价，得出目标评价阶段评价结论；然后是聚焦评价阶段，根据目标评价阶段评价结论设计访谈提纲，确定利益相关者群体进行访谈，进入解释学循环，跳出循环后得出聚焦评价阶段评价结论；最后是评价结果的处理，对比两个阶段的评价结论一致性，书写评价报告。

（四）TF模式下大学生创业教育评价的方法选择

TF模式下三大类评价方法对于大学生创业教育都适用。第一类是评价指标体系构建的方法，包括文献分析法、调查研究法、德尔菲法、层次分析法和模糊评价法等；第二类是目标评价阶段的评价方法，包括同行评议法、专家评价法、多指标综合评判法等；第三类是聚焦评价阶段的评价方法，包括访谈法和观察法等。

（五）TF模式下评价指标体系的构建

TF模式下大学生创业教育评价指标体系的构建可以分为四个步骤。首先，在充分借鉴国外相关研究成果的基础上，结合我国大学生创业教育的发展历程与现状，采用文献法和访谈法来确定评价指标群；其次，利用调查研究法对指标群进行初选和优选，并根据评价指标的特征以“课程体系”“教材”“教学”“管理”“构成”“科研”“效果”“满意度”“硬环境”和“软环境”为一级指标初步构建评价指标体系的层次结构，根据相关要求对指标的全面性和准确性进行检验；再者，组织由相关领域的专家学者、教育主管部门的管理者、高校教师、大学生和用人单位代表构成的利益相关者团队，采用层次分析法（AHP）对评价指标体系进行权重赋值；最后，确定评价指标的评价标准，对评价指标逐个进行深入和细致的研究，精确界定指标含义、数据采集方法和评价标准。

第二节 大学生创新创业的目标、原则及路径优化

在高校开展创新创业教育是落实“建设创新型国家”和“以创业带动就业”发展战略的重大举措，是深化高等教育教学改革的重要途径，是促进高校毕业生充分就业的重要举措。但创新创业教育的提出时间还不长，实践探索还不够丰富成熟，理论研究还不够全面深入。基于此，本节拟就创新创业教育的目标、

原则及实现路径做初步探讨。

一、大学生创新创业教育的目标

创新创业教育的总体目标是培养大批创新创业型人才。围绕这一目标的实现，研究者们越来越重视确立更为清晰的创新创业教育培养目标，尤其是对教育活动具有直接指导意义的操作性强的目标。目前，关于创新创业教育培养目标有两类观点：一是核心论，主张以创新意识、企业家精神、创新知识等单一因素为核心目标；二是综合论，主张创新创业目标是一个体系，有多因素和多层次，要兼顾创新意识、知识、能力等的综合培养，但关于应该注重哪些因素的综合培养，当前尚未达成共识。

到底怎样确定创新创业教育的操作性培养目标？我们认为要注重教育本身的功能指向与学生自身的发展走向的融合。从创新创业教育的功能指向讲，有两个层面，一是基于价值判断的教育，主要涉及创新创业的价值，是解决“为什么”创新创业的问题；二是基于事实判断的教育，主要涉及创新创业的知识与技能、过程与方法等，是解决“怎么样”创新创业的问题。从学生的发展走向看，成为创新创业型人才，首先要有创新创业的愿望，然后才有对创新创业教育的接受，这是意识层面的需求；有了意识，接受了教育，还存在是否把教育的内容真正变成了自身创新创业素质的问题，然后才是创新创业行为的产生，这是素质层面的需求，不仅涉及知识掌握问题，更涉及知识的内化和能力或经验的生成问题。由此，我们认为创新创业教育的培养目标主要有三个方面：意识的养成、知识的内化和经验的生成。

意识的养成是创新创业的观念前提，是创新创业教育的基本目标；知识的内化是对传统意义上“知识”目标的深化，是创新创业教育的核心目标；经验的生成是对创新创业能力层面目标的操作性表达，是创新创业教育的根本目标。

二、大学生创新创业教育的基本原则

（1）广谱性原则，是指大学生创新创业教育必须坚持面向全体学生，融入人才培养全过程。这是创新创业教育有别于狭义的创业教育的核心特征。

（2）方向性原则，是指大学生创新创业教育要始终在社会主义大学的办学方向下展开。创新创业不是普世价值，“创新犹如双刃剑，只是工具，并不是方向本身，创新还不能单独成为目的，创新教育也不能代替现代教育的全部，它必须与道德教育整合，培养人的同情心和责任感，把人的创新精神与创新能力引向为人类造福的方向上来”。

（3）一体化原则，是指大学生创新创业教育必须坚持教育教学一体化，课内课外相衔接，校内校外相结合。创新创业教育不仅涉及学校内部的课程教学改革、实践活动开展、校园文化建设等多个方面，更涉及学校外部的国家政策、社会环境、企事业单位联动等多个主体的配合，是一项复杂的系统工程，单枪匹马的任一部门都无法推动整体的运作。必须建立科学协调机制，充分考虑多主体、诸因素的协同运作，调控一切积极因素使创新创业教育和谐共赢。

（4）特色化原则，是指大学生创新创业教育要坚持“四个特色”：一是坚持中国立场，形成中国特色，结合我国基本国情，建立符合我国高等教育发展的创新创业教育体系，不能简单地照搬照抄；二是坚持学校立场，形成学校特色，要围绕文史、理工等不同性质高校开展特色教育，力求在高校间呈现百花齐放的局面；三是坚持专业立场，形成专业特色，即便在同一学校内部开展创新创业教育，也必须抓住专业间的特色差异，因业施教；四是坚持学历立场，形成学历特色，准确掌控同一专业不同学历层次的阶段性发展特点，以动态性视角开展与之相匹配的创新创业教育。

三、大学生创新创业教育的路径优化

从国内外的研究和实践来看，创新创业教育的主要载体和途径有三个：课程教学、实践活动和校园文化。如何对这些载体途径进行组合、优化，以发挥最大的教育效果是创新创业教育的教育转化研究的核心问题。怎样优化？我们认为要坚持三个原则：一是目的性原则，要结合创新创业教育的目标来设计路径，同时要体现抓主要矛盾和矛盾的主要方面的思想，在承认每一种途径多重功能的基础上突出其核心功能；二是系统性原则，不能孤立地看待各个载体途径，要整体把握设计，注重各途径间的逻辑和相互联系；三是可行性原则，既要追求理想的路径设计，又要结合国内外的先进经验，尤其是要立足于国内创新创业教育的发展基础。具体而言，要从以下三个方面优化大学生创新创业教育。

（1）弘扬“挑战文化”，努力激发大学生的创新创业意识。当前高校与创业创新相关的校园文化核心是“崇尚权威”的文化，破解的关键也就是“挑战权威”，进而形成“挑战文化”。“挑战文化”的基本精神在于“崇尚创新、乐于挑战、勇担风险、宽容失败”。

（2）坚持课程与教学改革同步、知识掌握与内化结合，夯实大学生的创新创业知识基础。课程体系改革是推进创新创业教育的重点所在。

（3）打造“个性化”实践平台，丰富大学生的创新创业经验。大学生创新创业能力的形成依赖于实践，是个体实践过程中通过构造、理解等方式最终形成的。只有通过系统的创新创业实践教育，才能把有关知识转化成创新创业能力。

第三节　大学生社会企业创业的实践路径

社会企业在欧洲、美国和英国的经济社会发展中具有重要的功能，特别是在解决残障就业、儿童保育、社区服务等一些社会问题方面发挥了重要的作用。社会企业“价值引领，市场驱动”的核心特性为创业提供了更广阔的空间和愿景，因此涌现出了一批批优秀社会企业创业人才。近年来，培养社会企业人才越来越受到国际社会的关注和重视。尽管社会企业创业在我国还是一个全新的领域，但从其他国家的经验来看，对大学生这一具有强烈社会责任感和创新精神的群体来说，以社会企业创业为突破口，进行创业教育与实践，对于培养社会企业创业人才，解决大学生就业难及其他社会问题无疑具有重要的现实意义。

一、大学生社会企业创业的基础优势

社会企业始终处于社会价值和经济价值的双重压力下，因此往往需要在动态调整中实现成长。社会企业的创办者既需要有创新精神，还需要有社会责任感。随着学术界越来越关注社会企业的发展与高校大学生创业氛围的日益浓厚，大学生进行社会企业创业的一些优势也越来越凸显。

（一）大学生在社会企业创业中的人力资本积累与创新精神优势

有学者总结和研究了社会企业蜕生的基本条件有使命感与责任感、关注公益、成功的商业手段、员工福利、社会资本和社会美誉度。大学生群体积极进行社会企业创业，更符合社会企业蜕生的基本条件。

（二）高校的跨学科资源能为大学生社会企业创业提供有力平台支撑

《中共中央关于全面深化改革若干重大问题的决定》中提出：要完善扶持创业的优惠政策，形成政府激励创业、社会支持创业、劳动者勇于创业的新机制。实行激励高校毕业生自主创业政策，整合发展国家和省级高校毕业生就业创业基金。近年来，国家和地方政府越来越重视大学生创业，不断强化政策支持和扶持力度。高校在积极开展大学生创业教育、培训和实践过程中，可以为大学生创业提供多方面的资源支撑，推进大学生实现创业和以创业拉动就业。

（三）大学生社会企业创业更能充分满足社会企业对创新的需求

随着社会环境的不断变化，社会企业创造社会价值与经济价值的创新性想法会不断更新与调整，以适应不断变化的社会需求。大学生不仅有利他主义品格与社会使命感，善于整合资源，还富有创新意识和拥有创业技能，能脚踏实地地把公益理念或是社会企业理念落实到具有现实性与操作性的项目之中。社会企业创业与大学生在品格上体现了理想主义与现实主义的融合，在实务运作中实现了市场性与公益性的有效结合，更好地满足社会企业对创新的需求。

二、大学生社会企业创业的实践路径

（一）大学生社会企业创业的扶持培育路径

（1）大学生社会企业创业的专业支持。社会企业在全球经济发展中的突出作用已经受到学术界的关注和重视，由此可知，在大学生进行社会企业创业的过程中，高校的作用非常重要。

（2）大学生社会企业创业的平台支撑。大学生有创新的思想和创造力，但是缺乏商业洞察力和可操作性创业技巧，因此在创业之初常遇到难题。目前，社会能够为有创业意愿的学生提供支持和帮助，带给学生最前沿的创业实践，激励学生为实现自己的创业梦想不断努力。为培育大学生能够成功进行社会企业创业，高校需要不断加强大学生进行社会企业创业的环境、平台建设。

（3）大学生社会企业创业的资金支持。大学生创办社会企业，特别是在起步阶段，经常会因为缺乏资金而寻求外部资助。在这一方面，我国政府积极资助大学生创业，同时邀请各方面的专业人士参与其中，对优秀的创业计划给予更多资金支持或是风险投资，促进大学生创业知识向创业能力转化。

（二）大学生社会企业创业的宣传推广路径

（1）表彰奖励成功创办的社会企业。高校在加强大学生对社会企业及社会企业家精神的理解上的作用至关重要，表彰奖励成功创业的典型企业，有利于识别、鼓励、推荐和推广创新的社会企业模式。

（2）推广成功创办的社会企业。通过网络媒体、平面媒体和电视电台展开对社会企业的宣传。例如，英国政府不仅在国内推广社会企业的成功案例，还积极与世界各国交流经验，推广社会企业发展的英国模式。在网络普及和“以消费者为中心”的时代，加强对成功创业的社会企业的宣传，加深消费者对社会企业精神的认识和理解，可以提升社会企业的知名度和美誉度，从而获得消费者的信任和社会的认可。

（3）在企业界建立对社会企业的信任。大学生进行社会企业创业需要证明自己，赢得社会美誉度。为建立对社会企业的信任，英国政府成立了社区公益公司管理局，负责监管社会企业活动运行，确保该法人团体履行法律责任，接受投诉，依法处理相关纠纷。若该机构发现社会企业行为不符合某社区的利益或未遵守资产锁定的规定，便会采取执法行动，或撤换组织董事或将该组织做清盘处理。除了政府专设相关机构对社会企业进行监督和管理之外，学术界也可以建立一套针对社会企业的基本行为准则和一套资质鉴定体系，从而使大学生在进行社会企业创业过程中可以被清晰识别和授信。这既能满足社会企业提升组织绩效和测量其社会影响的需要，也能为社会企业建立起自己的品牌标准体系提供前提条件。

（三）大学生社会企业创业的发展支撑路径

（1）大学生社会企业创业需要政府支持。政府应从政策支持、机构设置、开放的金融政策扶持大学生进行社会企业创业，使社会企业通过商业运作模式，为社会提供更为专业化和切实有效的公共服务。

（2）大学生社会企业创业需要社会企业同行支持。社会企业的发展是一个组织领域的发展，也是一个行业的发展。在社会企业领域内，各个利益相关方密切交流信息并且秉持解决社会问题、创造社会价值的共同使命至关重要。

（3）大学生社会企业创业需要多元的社会网络体系支持。与社会企业的利益相关的机构包括非营利组织、商业企业、社会化媒体、学术研究机构等。社会企业开发的产品与服务如符合社会公共服务需求，即使价格比市场同类产品或服务稍高，民众与社会组织团体一般也会基于“道德经济”理念购买。

第四节　以创业为平台培养大学生企业家精神

一、企业家精神

总体来说，企业家精神的内涵应包括以下几个方面。

（一）创新精神

创新精神是企业家精神的主要特征，是市场竞争的内在需求，也是企业保持可持续发展的重要保证。企业家作为创新的主体，担负着因创新而产生的风险和不确定性，敏锐地发现机会，为创新确定方向。企业家精神是推动社会进步的强大力量，它代表着一种为了适应市场的挑战而要不断进行创新的品质，是推动企业家成为技术创新与制度创新的核心精神主体，是企业家的灵魂。创新精神是企业家区别于普通经营者的主要特征。

（二）冒险精神

冒险精神是企业家应具有的基本素质。在英文里，企业家（Entrepreneur）一词即风险承担者。一个企业经营者，要想获得成功，成为一名杰出的企业家，必须要有冒险精神。对一个企业和企业家来说，不敢冒险才是最大的风险。

（三）合作精神

企业家的合作精神是指企业家具有愿意与人友好相处，愿意与他人合作的态度和精神，其本身也是一种诚实守信道德素养的体现。

（四）艰苦奋斗精神

艰苦奋斗是中华民族的传统美德，也是事业成功的有力保证。企业家艰苦奋斗的精神主要体现在积极进取、顽强奋斗、勤俭节约、吃苦在前、享乐在后的精神风貌。

二、通过创业教育培养大学生企业家精神的措施

（一）转变创业教育观念，培养学生对“企业家精神”的价值认同

要培养大学生的企业家精神，就必须打破墨守成规的思维定势。大学生是我国未来面对激烈的国际竞争的人力资源储备，转变当代大学生的传统价值观，树立创新意识，崇尚企业家精神尤为重要。因此，要注意引导大学生克服传统思想中其消极、保守的一面，充分发扬其积极、进步的一面，使之与市场经济伦理相融合。

（二）以培养“企业家精神”为核心，推进创业教育课程改革

（1）在课程设置模式上，更加突出以企业家精神为核心的管理教育创新与整合的特征，综合多学科教学资源，如工商管理、财务管理、人力资源管理、市场营销等课程，结合企业家精神培养和创业教育对以上专业课程进行改良，以适应不同专业背景的学生学习。

（2）在课程体系建设方面，要分为通识型创业教育课程体系与实践型创业教育课程体系两类。前者旨在培养所有学生的企业家精神，提升综合素质和能力，为以后在工作岗位上通过创新实现岗位创业；后者要通过企业家精神的培养让有创业意愿并适合自主创业的学生紧密联系创业实践活动，通过撰写创业计划书和与真正的企业家进行互动等方式来提升对市场获利机会的识别、评估、捕捉和应对“不确定性”等方面的能力。

（3）在教学主体方面，无论是通识型创业教育课程体系还是实践型创业教育课程体系，都有很强的社会性和实践性，单凭专业课教师是无法完成的。因

此，要想达到教学效果，高校一定要聘请有丰富创业或企业管理经验的业界精英来共同完成课程设计、课堂教学等工作，只有这样，该教学内容才更具有时效性和实用性。

（4）在教学方法上，企业家精神教育强调理论与实践相结合的讲授方法。目前，采用的主要教学方法有案例教学法，组织学生团队设计并推荐商业计划书；邀请成功创业者向学生讲授现实创业的经验；组织学生进行个案分析，鼓励学生演讲；定期组织学生到企业实地考察，组织学生完成企业课题。

（三）广泛开展社团实践活动，切身感受“企业家精神”

“企业家精神”最本质的特征是创新及承担社会责任。在市场经济体制下，“创新”和“承担责任”无论是对个人还是对组织都是生存和发展最基本、最重要的要素。创新创业类社团活动对培养大学生的“创新”和“承担责任”意识具有重要意义。创业类社团活动包括社会调查、志愿者服务、创业计划大赛、校园科研课题、创新创业项目、寒暑假社会实践、三下乡活动等。由于家庭与社会环境、主观与客观因素的影响，针对当代部分大学生存在的“服从”“依赖”“被动”“投机”“自负”“势利”“虚假”“压制”和“逃避责任”等个性特点，社团管理中心要以“服务、协调和指导”为宗旨，变传统的“教条式”“强制式”管理机制为“教学相长式”，将“企业家精神”渗透到社团的实践活动中。

（四）通过加强与企业家及企业界联系，实现“企业家精神”培养社会化

实践教育是企业家精神培养的一个重要特征，所以企业家精神的注入不能单纯依靠校园内的课程学习，必须同时走出校园，走向市场，寻求社会各界尤其是企业界的支持。通过实地考察和亲身体验，使学生更直观地认识企业家精神的真正内涵。

第八章

大学生创新创业体系的建构

第一节　以实践能力为核心建构创新创业培养体系

自2015年政府工作报告中正式提出“大众创业、万众创新”的号召开始，全国上下各行业都实施了深化创新创业的各项举措，高等教育也不例外。国务院办公厅对高等院校学生深化创新创业教育进行了顶层设计，于2017年5月印发了有关实施意见，将深化创新创业教育改革定位为高等学校综合改革的主要内容、改进人才培养的主要举措，为实施创新驱动发展战略、促进产业结构升级提供支持和保障。

创新创业实践活动是实现创新创业培养目标的主要途径，为了使学生在学校期间就能具备创新创业的思维与一般方法，积累一定的创新创业经验，就需要设计丰富多彩的创新创业实践活动，并以实践活动为抓手，配置好课程、师资、指导与服务等要素，并提供组织、场地、设备、资金等保障条件，构成以应用型高校创新创业培养体系。

一、开展丰富多彩的双创实践活动

双创实践活动主要包括：

（1）改革人才培养实践性教学环节，以及课程设计、综合实习、毕业设计等实践性教学环节，引导学生从工程、社会实际中发现问题，综合运用所学知识解决实际问题，提高创新创业实践能力。将企业技术标准、行业专家引入有关课程，从行业企业实际选择、实际选题作为课程设计选题，研究解决实际问题。将综合实习、毕业设计进行结合，引导师生在综合实习的过程中从实习单位的实际和所在行业出发，发现问题作为毕业设计选题，提高毕业设计选题的真题率。

（2）积极组织学生参加各类创新创业（学科）竞赛，扩大参与学生受益面。竞赛活动的组织要将学生参与度作为最重要的关注点，通过宣讲会、开放日等活动充分发挥优秀学生的示范带动作用，吸引更多学生参与到各类创新创业竞赛中，综合运用专业知识完成竞赛作品的设计与制作。

（3）按照校、省、国家三级大学生创新创业训练计划的要求，根据“教师主导、学生主体”的原则，引导学生参与教师科研项目、论文撰写等创新活动，重视项目的延续性，使双创训练项目贯穿本科学习全过程。

（4）利用暑期社会实践等社会活动的机会，精心组织师生团队，带着问题、项目深入社会行业企业中，发现问题，探索解决方案，提高创新创业能力。

（5）积极开展创业培训与创业实训活动，使学生在校期间即可掌握创业的基本知识和技能，为将来创新创业打下良好基础。

二、完善双创教育体系相关要素

要建立一支专职兼职结合、校内校外结合的师资队伍，保障双创课程、实践和各项活动的开展与指导，主要做法如下：

（1）在校内教师中组建与专业相关的创新创业指导团队，加强建设，积极引导教师参加各类培训，提高双创指导水平。

（2）从行业企业中聘用具有成功经验的创业企业家担任兼职导师，使教育更具说服力和影响力。

（3）科学设置双创课程，除了面向全体学生开设基础性的、先导性的创新基础和创业基础知识的课程外，更需要与各专业核心课程相结合，在专业核心课程中融入创新创业教育的目标、内容，重视课程教学效果中创新创业的成果产出。

（4）校内积极营造创新创业校园文化，广泛开展创新创业沙龙、创新创业大赛等，宣传创新创业的核心价值观，注重典型范例的引领作用，在校内形成创新创业的浓郁氛围。

（5）加强创新创业的指导与孵化工作，将在双创实践活动中形成的好项目进一步转换为论文、专利等创新成果，对有发展潜力的创业项目配备专门的创业导师，通过资金扶持引入创业孵化基地进行培育。

三、重视保障条件建设

实现双创教育要重视组织建设和政策保障。开展创新创业教育需要高校各院系、职能部门通力协作、共同发力，需要专门的工作机构进行统一规划和推进，形成合力。不断改革教学管理和学籍管理制度，对学生开展创新实验、发表论文、获得专利和自主创业等活动计算一定的学分；将学生参与各类课题和项目试验等认定为课堂学习；制定灵活的修业年限，实施弹性学制，允许学生保留学籍从事创新创业等活动；为创新创业实践活动配备足够的场地、设备和经费条件，加强对双创教育中重点问题的教学研究力度。

第二节　综合性大学创新创业人才培养体系的建构

近年来，国家和教育部不断出台加强大学生创新创业教育的相关文件和政策，鼓励和推动高校开展创业人才培养体系。综合性大学作为高等教育的重要主力军承担着地方高等教育的重要使命，在推进创业教育方面由于其特殊的地位和资源的影响而显现出巨大的差异性，大部分高校的创业人才培养体系建设仍处于一般的探索阶段。

一、地方综合性大学创业培养体系建设的现状

纵观目前地方综合性高校创业培养课程的建设状况，主要存在以下问题：

（1）课程目标定位模糊。目前，地方高校普遍认为主要任务是专业教育，是为地方培养大批量的专业人才，对于创业教育课程没有形成统一的认识，导致创业教育课程在高校课程建设体系中比较边缘化，其目标、定位就模糊不清。

（2）课程结构不合理。由于定位问题而使创业教育课程缺少系统规划与设计，缺乏将创业教育与人才培养计划的有机衔接，没有形成规范化、系统化的设计与管理，创业课程的开设随意性较强，所开设的课程相对独立、零散，与专业课程互不融合，各自封闭，未形成一个完整的体系。

（3）地方特色相对缺乏。课程内容的选取是课程特色形成的核心与关键，不同区域的不同学校应当有着不同的创业教育需求和创业资源，创业教育课程也同样体现出不同的特色。现实中，大部分地方高校的创业教育课程既缺乏区域特

色，又无校本特色，大都参照国外高校的课程或项目化培训体系，而与国情、区情、校情脱节。

这些问题的存在主要是由于地方高校发展压力大，关注重点在学科发展、专业教学质量等教育部门考核高校或者说见效快的相关项目指标上而对创业教育重视不够，由此引起创业教育无法真正融入专业教育中，能够获取的支持资源更少，基本条件得不到满足。

二、特色性创业培养课程体系的构建策略

综合性院校有着浓厚的地方色彩，它的主要任务是把学校的发展与地方经济社会的发展结合起来，主动全面地适应和服务地方发展需要，并从地方获取更多的资源，使学校与地方的发展融为一体，共进双赢。地方高校创业教育课程的建设也应当以此为着眼点。

（一）课程建设的目标取向实效化

创业培养是通识教育的发展和延伸，也必然要体现通识教育培养全面发展的人的目标，在课程构建中要在要求上从刚性转变为柔性，结构上从僵化单一转向灵活多元，教学上从排斥、被动转向吸引、主动，进而实现培养具有创新意识、首创精神和批判性思维，能够开创性工作的人；有突出的组织、协调和交流能力，善经营、会管理的人；有较好的创业背景知识和创业技能，可以直接创业的人。

（二）课程设计的理念原则系统化

明确的目标取向在设计理念和原则中主要体现为以下几个原则：

1. 信息化原则

在信息社会中，信息的掌握、流转、应用及控制已成为衡量创业型人才的一项重要指标，创业教育课程内容要结合创业社会的需要，充分利用信息化的手段和载体实现创业教育目的。

2. 融合化原则

在课程建设中将创业教育与通识教育、专业教育融合，校内资源与校外资源融合，知识传授与能力提升融合，课堂教学与课外实践融合；将创业知识、能力、意识与人格等教育目标要素融入专业、实践和隐性课程之中，形成综合性创

业教育课程体系。

3．多样化原则

由于学科专业特点和学生的不同需求，创业教育课程也应当是多样化的，要有显性的必修课程（创业基础等）、选修课程（创业管理等）和实践课程（模拟实践等），形式多样的渗透式课程（在专业课程中渗透着创业意识与思维等内容）及个性化的讲座、报告等微课程，保证课程与社会发展需要、学生的实际需求有机结合。

4．特色化原则

作为地方综合性高校，建设创业教育课程必须要结合地方综合性高校的特征，要在课程中体现出地方特色。例如，新疆大学依托新疆特有的资源优势，实施“请进来+走出去+互动式”校企合作的创业教育教学模式。

（三）课程建设的设计构建特色化

1．完善基础性通识课程，体现综合性大学的学科优势

教育部相关文件规定，高等学校应创造条件，面向全体学生单独开设“创业基础”必修课。因此地方高校必须按大纲的要求，结合自身优势，整合多学科资源，完善教学大纲，将人文素养、思想道德等内容融入课程之中，使学生通过学习可以掌握创业及创业精神的基本内涵，把握创业活动的规律性和特殊性，学会辩证地认识和分析创业者、创业机会、资源和计划等，熟悉创业流程，夯实创业教育的基础成效。同时，利用财会、营销、人力资源管理、谈判技巧等通识选修课程，完善学生的创业知识结构。

2．搭建开放式实践课程，践行现代大学的开放理念

开放式实践课程就是通过个体性的项目活动或集体性的专题活动培养学生创业心理品质和能力，形成综合性的知识与能力结构，主要有创业感悟类（由学生建立形式多样的团队、协会和俱乐部等开展研讨等活动，激发学生的创业动机）、模拟教学类（以网络模拟软件为平台开展单项或综合性模拟训练，让学生理解创业规律，把握创业程序和方法，锻炼学生分析、解决实际问题的能力）、专题论坛类（以创业者的案例报告、讲座等，启发学生的创业思路，拓宽创业视野）、创业竞赛类（让学生在竞赛中获得模拟创业经历，提升团队协作、沟通交流和组织管理能力）及项目实训类（以科研训练项目为载体，吸收学生参加相关

科研课题研究或在创业园创办企业，使学生在实践中体验创业，积累经验）。

3. 强化特色性延伸课程，实现创业教育的知行融合

延伸课程主要是指创业教育课程的教学空间由校内向校外、由现实向虚拟、由课程教学向环境影响等外延延伸，主要包括校企（地）合作、网络学习实践、校园文化熏陶等。地方高校往往与地方相关部门和企业有着密切的联系，能够整合各方面的资源，在校外教学中充分体现出地方特色。同时，还可充分利用综合性的校园文化元素影响学生复合性创业素质的提升；充分开发建设创业课程网站，提供网络平台，为学生开展学习和自我训练提供保障和指导。

4. 开发校本化创业教材，展示地方高校的地方特色

综合性大学校本化教材的开发要结合学科优势、本校的创业文化、学生特质及未来创业的去向，在考虑通用创业知识的基础上选取具有地方性创业文化精神和特色的内容，使教材更贴近学生、学校和地方实际。尤其是创业案例的选择上，要实现本土化取材，挖掘学生相对熟悉的反映本区域市场环境和创业经营活动的案例。例如，扬州大学将该校理、工、农、商等不同学科领域优秀校友创业的典型事迹和扬州地方特色性创业项目编印成册，体现出扬州大学的特色和扬州的特色。通过加强对本地创业文化的研究和宣传，有利于聚集当地支持创业的力量协助学生创业成功，同时让学生深入了解当地的经济状况与发展前景，有利于选择契合地域特色的创业项目，提高创业成果在当地的经济转化率。

（四）课程教学形式的创新化

教学中要针对不同课程的教学内容采用不同的教学方式和策略，创新教学形式，提高教学成效。在基础教学中，可通过调查访问、交流讨论、案例分析、角色扮演等方式，激发学生的创业热情，提高对创业知识的深层理解；模拟实训中，依托相关模拟平台，指导学生以团队的形式开展网络或书面模拟学习；实践教学中，应突出其社会特征，组建多专业、多学科联合的创业团队，依托“创业孵化园”“创业基金”等实战平台，形成基于社会情景的创业实践活动，让学生在真实的场景中体会创业激情，感悟创业规律，掌握创业活动的程序，提升创新精神和创业能力。

（五）过程管理评价的实效化

首先，要加强高校创业教育组织机构建设，成立校级创业教育委员会，负责统筹、规划和落实全校的创业教育工作，整合各方面资源，对创业教育的实施进行管理、协调和监控；成立大学生创业服务中心，负责指导学生开展创业活动、参与创业方案设计、评定创业基金等，为学生创办企业提供咨询服务，帮助学生了解和捕捉市场计划和创业信息；成立创业教育研究中心，选派优秀教学研究人员专门从事创业学及其核心课程的教学、研究、课程建设、教材建设等工作。

其次，要完善和提升创业教育教学、实践环境与条件，支持与鼓励师生参与创业教育和实践活动。

最后，要进行有效的课程评价，学校教务部门组织专业人员制定评价标准，采用多样化的评价方式，对创业教育教学过程进行跟进式评价；通过课程满意度、学生实践成效等调查反馈创业教育课程实施效果；通过实践活动成效、创业能力提升评价学生学习效果。

第三节　创业型大学创业认定与创业能力评价体系的建构

一、创业型大学建设背景下学生创业认定体系

当前各级政府对大学生创业出现前所未有的重视，创业教育在各地掀起热潮。各地、各高校出台形式多样的鼓励和支持政策，鼓励大学生走上创业之路。当前从文献和已经出台的政策来看，目前学术界对于大学生创业认定体系建设，偏重于大学生评价体系建立原则方面的研究。

（一）创业认定体系构建的原则

1. 主体性原则

在创业认定活动中，实际存在着评价和创业两类主体。对于评价主体，在

创业创新环境下，应突破原有学生管理思维，通过建立创业指导委员会，引入校外业界专家参与评价，体现专业性。

2. 连续性原则

创业活动是一个连续的过程，从创业意识的萌发到创业实践，中间经历反复的尝试和积累的过程，评价时必须考虑创业的时间周期性。对于已经认定达到创业标准的学生，还应做好抽样跟踪调查，形成报告，进一步指导学校创业教育，形成良好循环，保证创业教育可持续发展。

3. 可量化原则

创业活动的最终结果必然是经济效益，具体体现在收入和盈利上。用业绩量化指标来评价创业活动，尽量减少模糊评价和人为评价，增强评价的科学性和权威性。

4. 可行性原则

如前所述，创业活动和经济效益存在必然联系，但是在某些情况下，可能存在时间上的距离，所以，评价一个未产生效益的创业行为是否可行，是评价活动的难点。

5. 可拓展性

一个评价体系无法对所有的创业活动进行评价，对于不断创新的创业活动，在评价实践中，应最大限度地持包容的态度鼓励新的创业模式，对其进行激励，以利于不断发展壮大。

（二）认证过程

（1）资料收集。参评学生提供认定申请书，并提供充足的支撑材料。

（2）评价活动。创业指导部门成立校内考核小组和创业指导委员会评审小组，对评审材料进行评价。

（3）创业认定和系统录入。对通过创业认定的学生，录入学生管理系统；达到毕业条件的发给学生自主创业证书。

（4）对经认定为自主创业学生开展抽样跟踪，并形成调研报告。

二、创业型大学创业能力的评价指标体系构建

（一）创业型大学创业能力的评价指标体系设计原则

建立科学的评估指标体系能为创业型大学的进一步发展提供有力的指导。为保证指标体系的有效性和可信度，主要遵循以下原则设计指标体系.

1. 系统性原则

要求指标体系具有足够的涵盖面，能充分反映创业型大学创业能力的系统性特征，各指标之间逻辑严密、层次分明。

2. 可操作性原则

一是充分考虑指标数据的可获得性，要求能够通过资料查阅、问卷调查、现场访谈等方式采集到指标数据，尽可能避免评估主体的主观随意性；二是合理控制指标体系的规模，避免形成庞大的指标群或层次过于复杂的指标体系。

3. 有效性原则

指标体系必须与被评估对象的内涵与结构相符合，能够反映创业型大学创业能力的主要特征，经得起指标的效度检验。

4. 动态性原则

对创业型大学创业能力的评价是一个动态过程，随着相关因素的变化和发展，各个评价指标所发挥的作用会增强或减弱。如果发生重要的技术、社会、经济或其他变化，则评价体系应做相应调整以适应变化。同时，指标体系要具有适当的可扩展性，能够根据不同的评估对象、评估要求和评估阶段，灵活地增加或删减指标。

（二）建立评价指标体系的流程

笔者在遵循以上原则的基础上，结合创业型大学创业能力的构成要素，按下列程序构建指标体系。

1. 原始指标

根据已有的文献，采用问卷调查、专家访谈的形式，对涉及创业型大学创业能力的评价指标进行筛选，确保收集的指标尽可能覆盖评价对象的各个层面，体现完备性和系统性。

2. 指标精选

分析指标本身的可行性、可比性及指标间的相关性，对可行性较差、评价结果贡献较小及指标间相关程度较高的指标进行筛选，通过专家论证，剔除对创业型大学创业能力评价的影响相对较弱的指标，保证评价指标的简洁、高效。

3. 结构设计

研究指标间的因果关系，运用解释结构模型等方法发现指标间的结构关系，构建评价指标体系框架。

（三）评价指标体系的结构框架

在这个框架中，从创业文化、创业资源、创业人才培养和知识成果产业化能力四个方面评价创业型大学的创业能力。该指标体系共分为四个层次：第一层为目标层，即创业型大学的创业能力；第二层是一级指标，包含四个要素；第三层是二级指标，包含创业精神、创业环境等15个要素；第四层是三级指标，包含市场意识、政府投入等52个要素。

三、创业型大学创业能力的综合评价

在进行定量分析时，首先需要确定指标权重，本节采用层次分析法（AHP）。层次分析法是美国运筹学家SaatyTL教授于20世纪70年代初期提出的一种简便灵活而又实用的多准则决策方法，尤其对于一些难以全部量化处理的复杂问题，能得到比较满意的结果。这种方法直观、清晰，并可以在没有指标数据时，根据指标的含义通过专家评价确定指标权重，是一种能够将定量分析和定向判断相结合，对非定量因素进行量化分析的方法。它的主要步骤包括：①构造判断矩阵；②求解判断矩阵的最大特征值及其对应的特征向量；③对判断进行一致性分析。

在综合评价方法的选择上，由于指标体系中的很多指标为定性指标，属于主观评价问题，因此，采用模糊综合评价法。其具体步骤包括：①确定评价因素集和评价集；②计算因子权重；③进行单因素评价，构造单因素评价矩阵；④进行模糊综合评价；⑤根据评价指标确定评价对象的水平。本研究采用加权平均法，以归一化的各个评价指标作为其对应的评价集中元素的权重，对评价元素进行加权平均。量化对应关系为：优≥85分，良75~85分；中65~75分；差≤65

分。设C为指标的评价值，则$C=b_1c_1+b_2c_2+b_3c_3+b_4c_4$，其中，b为各级指标的权重，c为各级指标的得分值。这是一个数量化的评价结果，其数值代表创业型大学创业能力的强弱。

第四节　大学生自主创业支持体系的建构和优化——以浙江大学为例

一、构建并优化大学生自主创业支持体系的重要意义

首先，从理论层面可以丰富深化对大学生自主创业支持体系的研究认识。通过梳理当前各类研究文献发现，国内外学者对于大学生创业的研究大多集中在高校创业教育上，而对大学生创业支持体系的研究相对较少。大学生创业是一项系统工程，不仅需要高校的创业理论支持，更需要来自国家、社会、企业、风险投资组织及家庭等多层面、多维度的支持。目前对此方面的理论研究还不够深入。

其次，从实践角度可以营造良好的创业环境，助推大学生成功自主创业。目前，从中央到地方、从高校到社会都非常重视大学生自主创业工作，导向明确，支持有力，各高校也是高度关注并积极探索。但从实践效果来看，大学生自主创业工作还缺少系统设计和良好的体系、有效的机制与措施等，这些都直接影响了工作成效。根据国家有关部门统计，近年来，全国大学生创业成功率在1%左右，浙江省大学生创业的成功率在全国各省（区、市）当中是最高的，在4%左右，而全世界大学生的平均创业成功率是10%左右。从大学生自主创业支持体系看，大学生创业成功率较低的原因主要在以下几个方面：

（1）创业资金支持相对缺乏。大学生创业基金的主要来源是自筹资金，但由于大学生自身的人脉资源不足，自筹资金单薄，如果政府的经济政策支持不足，资金会成为困扰大学生创业的首要问题。

（2）学校智力支持存在不足。一方面，学校专业师资相对缺乏。目前，在高校教授创业教育的教师有些是从企业管理转到创业教学的，有些是从事学生就业和思政工作的，真正有创业经验的教师为数不多，可能会影响实践环节的指导效果；另一方面，产学研结合还不够密切，科研成果转换率不高，未能建立有效协调学生、学校、社会的多赢工作格局，在一定程度上会影响学生创业的积极性和创造性。

（3）创业支持体系自身还缺少系统性设计，由政府、高校、社会共同构建的大学生自主创业支持体系虽然包括创业政策环境体系、投资与融资体系、创业组织与咨询体系等内容，但在实践中还缺少有效的实施机制与推进措施。

基于上述分析，对大学生自主创业支持体系开展研究，对提高大学生创业成熟度和成功率具有重要的现实意义。

二、浙江大学构建大学生自主创业支持体系的重要举措

（一）构建第一课堂、第二课堂协同互动的创业教育体系

浙江大学根植国家需要，把向社会输送更多有志于担当社会责任、创造社会财富的创业精英作为人才培养的重要目标，积极探索创业教育的方向与路径，逐步形成了以学生需求为导向、创业素养为核心、创造价值为动力、创业实践为抓手，“学研产用”相结合的教育模式。浙江大学充分考虑学生多元的人才成长需求，着力建设第一课堂、第二课堂协同互动的创业教育体系，将创业教育融入部门和学院的日常工作，协同推进各条线、各学院的创业教育工作。

（1）加强第一课堂建设，将创业教育贯穿于人才培养的全过程。一是重视完善通识类课程体系，增设创业教育课程。目前，学校共开设各类创业教育课程30多门，占通识类课程总数的15%左右。二是加强学科建设，设立了亚洲第一个创业管理博士点，同时联合海外知名商学院进行创业管理硕士生联合培养。三是在荣誉学院——竺可桢学院设立创新与创业管理强化班，在自愿报名的基础上，每年择优录取部分学生，参加历时两年半的强化班学习，培养优秀创业创新人才。

（2）加强第二课堂创业教育与实践体系建设，着力培养学生的创业意识、创业精神和创业能力。一是强化创业意识，通过举办创业点子秀活动，开展创业

启蒙教育。截至目前，已经连续开展几期点子秀活动，每期吸引80~100支团队参加。二是强化创业引导，通过举办“创业论坛”与“创业者导航”等活动，开展SYB（开办你的企业）和全球模拟公司培训，开设大学生网上创业培训班，设立创业咨询室等方式，为有创业意愿或正在创业的学生提供各类咨询服务。三是强化创业宣传，创办《创业浙大》期刊，形成集电子杂志、微信订阅号、微博等形式于一体的多媒体创业宣传平台。四是强化社团培育，形成创业实践指导中心、创业训练营、未来企业家俱乐部、研究生创新创业中心、企业俱乐部等各有侧重、互补互动、百花齐放的活跃局面。五是强化创业比赛。学校每年组织蒲公英创业计划大赛、天使对接项目大赛及各种专业类创业大赛，在大赛中砥砺创新创业和团队合作精神，每年覆盖学生人数达两千人之多。六是建立创业团队共生平台——微创业联盟。目前，微创业联盟的创业范围已涵盖传媒广告、服务咨询、机械电子、教育培训、文化创意、生化环境、农林食品、软件互联网八个门类，吸引了社会上许多投资机构的关注，形成了校内创业团队的集聚效应，赢得了普遍关注和高度好评。七是积极组织创业教育国际实践活动，自2014年始，每年组织创业同学赴美国加利福尼亚大学洛杉矶分校、硅谷等进行创业实践，并举办项目对接会。

（二）依托大学科技园做好大学生创业孵化工作

浙江大学科技园是构建大学生创业支持体系的重要平台之一，作为国家级大学科技园和国家级高校学生科技创业实习基地，浙江大学科技园充分结合学校的科技、人才、信息、实验设备等有利条件，整合各类资源，为大学生提供优质服务，积极推进大学生自主创业。其主要做法包括：一是坚持整合各类资源，发挥平台优势，支持大学生创业教育和自主创业这一工作主线。二是面向在校大学生（包括本科生和研究生）、大学毕业生两个层次提供创业服务。三是支持创业教育、创业实习和自主创业三种创业形式。四是推出“四项举措”，其中，“园校合作”是与学校有关部门合作，积极开展大学生创业教育，提高大学生创业素质；“园企合作”是与民营企业共建大学生实习基地，组织大学生到企业实习实践，加强创业技能训练；“园政合作”是与西湖区政府合作创建“大学生创业园”，争取政府支持，扶持大学生自主创业；“园内合作”是通过搭建大学生创业支撑交流平台，促进大学生创业企业健康发展。五是落实“五项工作”，具体包括抓好创业项目，对入园创业项目进行指导把关，提供项目申报和项目研发服务；落实孵化场地，为大学生创业者提供一流的创业场地和配套服务；争取发展资金，建立投融资服务平台，积极开展投融资服务；聘请创业导师，实施“大学生创业导师行动”计划，提供创业辅导服务；开展各类培训，提升大学生创业者的综合素质。

（三）拓展校外创业教育与实践资源

（1）联合杭州市高新区，共建浙江大学虚拟创业园（高新创业苗圃）。双方每年共同出资，面向全校公开征集以获得天使投资为目的、具有市场前景的技术产品或者服务项目，并提供相应的创业导师、创业培训、创业咨询等公共服务。

（2）联合杭州市余杭区，建立浙江大学良渚创业育成中心，作为学生创业孵化基地。基地设立750万元创业基金，自2014年至2018年，每年用150万元无偿资助选拔出来的创业项目到良渚创业育成中心注册公司。其中一等奖资助金额为20万元，二等奖资助金额为10万元，同时提供办公场地。

（3）联合浙江经视《资本相亲会》节目组，打造创业团队与各类资金和发展资源的对接平台。《资本相亲会》是中国第一个大型财富达人秀节目，节目除电视播出外，同时入驻了爱奇艺等网络平台。浙江大学学工部和《资本相亲会》节目组达成了合作关系，不定期地推荐浙江大学优秀大学生创业团队参加节目录制，并参加其组织的线下路演沙龙。

（4）联合新东方、真格天使基金、优米网发起成立浙江大学大学生创业发展中心，不断加强天使团与导师团建设工作。一方面，聘请俞敏洪、徐小平、王利芬等为浙江大学大学生创业导师。另一方面，发挥真格天使投资基金和优米网的优势，进一步推动天使团与导师团建设，为创业团队提供强大的导师指导与天使对接服务。

（5）联合新尚集团，举办“新尚杯”高校大学生邀请赛。各高校通过参加预赛或直接推送的方式选拔出创业团队参加总决赛。决赛设立了创业基金，由知名企业家、风投专家组成评审委员会，在评选获奖项目的基础上，对有良好市场前景和发展潜力的项目进行投资孵化。

（6）与杭州下属的部分区级政府洽谈，设立资本风险池，给浙大创业团队提供免息借款。与各区级政府洽谈，在各区的中央商务区为浙大创业团队免费提供办公场地。此外，学校与浙江省科技厅协商，引导社会力量参与，共同发起浙江大学生创业基金。

（四）完善基础保障措施

（1）成立浙江大学大学生创业工作领导小组，明确相关职责和创业人才培养工作。通过顶层设计，突出创业人才培养在浙江大学高层次人才培养中的重要地位，发挥统筹协调作用，保证有序高效地落实创业教育和创业人才培养任务。

（2）建立成果转化对接机制。联合学校先进技术研究院、工业技术研究院、新农村发展研究院、创新技术研究院等实体单位，建立大学生创新创业与教师科研成果转化对接机制。以“学研产用”四轮驱动的科研成果转化模式，为大学生创业实践提供技术支撑。

（3）设立大学生素质训练计划（Students Quality Training Project）。围绕大学生科技创新及创业能力的提升等内容，由学生自主设计项目，自主组队，自主实施训练计划。

（4）设立浙江大学“985工程”创业人才培养专项经费。经费专门用作支持学生创业组织、社团发展，并积极扶持重点创业团队开展创业实践活动。

三、构建大学生自主创业支持体系中存在的问题

浙江大学作为国内较早开展创业教育的高校，不断从完善体制机制、营造环境、强化支持等方面着手构建大学生自主创业支持体系，积极为大学生创业创造良好的氛围和条件，使大学生创业呈现蓬勃之势，并初步形成了具有自身特色的经验和模式。但事实上，大学生创业是一个复杂、系统性的活动，目前大学生创业成功率仍非常低，不少新办企业在起步的三年内只能维持生存，难以完成利润积累，有的甚至只能倒闭。通过对大学生创业者进行走访后发现，大学生自主创业支持体系在创业融资、创业服务、创业集群、创业教育及创业文化方面，都还存在着较多需要完善之处。

第五节　建构国际化创新创业体系——以清华大学为例

清华大学成立以校长为组长，常务副校长、党委副书记、副校长为副组长的“双创”示范基地建设领导小组，基于人才培养、科学研究、社会服务和文化传承“四位一体”的清华创新创业使命，明确“学生自主双创”和“科研转化双创”一体两翼实施路径，以跨学科创客实践平台、“双创”在线教育与实践平台、GIX国际化创新创业平台、国际化“双创”医药平台、双智“双创”开放平台五个重点工程为抓手，形成了国际化和引领性的创新创业体系。

一、完善创业人才培养和流动机制

（1）完善“双创”人才培养机制和配套政策。成立了由校长担任组长的清华大学创新创业教育领导小组，成立了由教务处牵头的清华大学创新创业教育协调委员会，统筹协调全校创新创业工作；成立了“清华大学创新创业教学（专项）委员会”，为学校创新创业教育工作提供专业学术咨询和评议；出台了《清华大学关于深化创新创业教育改革的实施方案》等配套政策，修改了培养方案、学籍管理办法、成绩管理办法等相关政策文件。

（2）建设跨学科创客实践平台。2016年，全国首创启动基于“学科交叉融合”理念的技术创新创业辅修专业。开设“创业导引——与创业名家面对面”等创新创业课程，累计近5000课时，服务学生超过1500人。举办“清华大学创客日”、2017年中美青年创客大赛北京区选拔赛等创新创业教育活动，参与人数1000余人。此外，接待国内外高校及社会各界参观学习访问近4000人。面向全国高校“双创”基地的教师举办“双创教育基地师资研修班”，全年共开办师资研修班五期，培训达200人。

（3）依托中国高校创新创业教育联盟，成立高校创新创业教育研究中心，打造高校创新创业教育的共同平台、国家级智库和国际合作桥梁，2016年举办2

期创新创业教育师资培训班，受训教师约150人。发布《中国高校创新创业教育研究中心“十三五”研究大纲》，设立创新创业教育研究基金。

（4）制定了教师校外兼职规定、教师离岗兼职规定和科技成果转化岗试行规定，健全科研人员流动机制。例如，2015年某机械系教师离岗从事集成电路装备成果转化，保留职务两年；2016年某化学系教师离岗从事有机发光显示成果转化，保留职务三年。

二、加速科技成果转化

（1）完善科研成果转化机制和配套政策。成立了学校知识产权管理领导小组，以及成果与知识产权管理办公室和技术转移研究院等专门机构，出台了《清华大学科研体制机制改革若干意见》《清华大学科技成果评估、处置与利益分配管理办法（试行）》等配套政策。

（2）通过“服务于双创教育的创新医药平台”建立国际化科技成果转化新机制，着力于高效运营、研究和产业孵化的国际化医药服务平台。2016年首次引入国际资金、投入非营利机构的创新PPP模式，成立了“全球健康药物研发中心”；搭建完成高通量高内涵筛选等四个平台，为校内外用户提供开放测试服务，全年服务机时平均可达6000小时；药学院教师项目“基于BRM抑制的抗癌新药开发研究技术成果”于2017年下半年达成技术转让协议，协议总金额为5350万元。

三、构建大学生创业支持体系

（1）依托清华大学位于美国西雅图的GIX国际化创新创业平台，探索建立多资源深度融合大学生创业支持体系，形成从跨学科创新创业能力培养到项目孵化的全环节实训新模式，打造培育国际化创新创业领军人才支持体系。

（2）借助“双创”国际暑期学校，支持校内学生走出国门感受创新创业，引导国际学生来中国感知“双创”，建立输入输出双通道的国际化创业支持架构。

（3）完善大学生创新创业支持体系的顶层设计，加强清华i-Center、x-lab、创+、i-Space及“未来兴趣团队”等创意创新创业教育平台间的合作和交流。2016年，先后组织清华大学“互联网+”大学生创新创业大赛、清华-南山创新创业训练营、2016年全国“双创”活动周等活动。

四、建立健全“双创”支撑服务体系

（1）建设“双创”在线教育与实践平台，从创业实训、企业孵化、基金支持等方面提供全过程的“双创”服务。2017年，共开设创新创业慕课48门，新录制课程33门。

（2）积极探索开放共享的“双创”基地运行模式。2017年，完成全球最大的校园创客空间i-Center（16500m^2）“双创”基地建设，形成了创客活动平台、创客制作平台、创客交流平台、成果展示平台等多层次功能空间，建立了智能门禁系统、设备使用制度、配套人员支持等多项机制，围绕“双创”教育基地建设，先后出台近10项政策，吸引40余家机构入驻。

（3）建设“智能芯片+智能硬件”“双创”开放共享平台，降低智能芯片智能硬件行业的“双创”门槛。2017年，新增五台8英寸溅射、氧化、刻蚀设备，全面提升了服务能力，同时完成了空间规划、光刻区和湿法区的改造升级，新增设备的工艺气体管道的改造升级及平台气体检测系统的改造升级。

结 束 语

从远古到今天，从蛮荒到文明，不难看出，人类社会发展的历史，实质上就是人类的创造力不断发挥和发展的历史。当时代的车轮将我们带到21世纪的时候，我们发现，21世纪是一个创新的世纪，社会急需具有创新精神和创业意识的高素质创造性人才，这样的人才是未来社会的稀有资源。

社会需要全面发展的高素质的创造性人才。个体的发展不是孤立的，必须与社会发展的要求相统一。

人的发展以知识的继承为前提。因为，创新与创业是发展的动力，而知识则是创新的基础、创业的资本。人的发展只有在实践中才能实现，因为创新与创业本身就是一种一刻也不能脱离实践的创造性活动。一个极其浅显但非常基本的道理应该时刻牢记，这就是“理论联系实际”。

在这样的历史背景下，高等教育迎来了难得的发展机遇。同时，我们必须清醒地看到：一方面，传统的就业型人才面临着严峻的就业竞争压力；另一方面，新型的具有创新能力和创业能力的创造型人才却不能满足社会的需要。这一“人才质量与社会需求相矛盾”的现实已经向我们的教育提出了挑战。我国高校要不辱使命，就必须发展。然而，不改革就不能发展。高等教育的改革和发展问题已经现实地摆在了教育工作者面前。

高校要将深化创新创业体系构建作为高等教育综合改革的突破口和提高应用型人才培养质量的关键举措，坚持以双创实践活动为抓手，完善相关要素和保障体系建设，力求创新创业体系构建不断取得成果——真正提高大学生的实践能力。

“从来就没有什么救世主，也不靠神仙皇帝，要创造人类的幸福，全靠我们自己。”

参考文献

[1] 朱永跃，马志强．创业型大学视野下我国高校师资队伍建设新探[J]．中国科技论坛，2010(14)：21.

[2] 夏敏，王前．大学知识创造能力评价指标体系研究[J]．科学学与科学技术管理，2010(9)：21.

[3] 牛冲槐，扬玲，杨彦超．科技型人才聚集视角下的知识转移偏好研究[J]．科技进步与对策，2010.

[4] 郭必裕．对构建大学生创业评价体系的思考[J]．黑龙江高教研究，2003(15)：9.

[5] 罗志敏，夏倩．高校创业教育的本质与逻辑[J]．教育发展研究，2011(5)：12.

[6] 余文博，刘广，边高峰．基于协同创新视角的师生创业机制研究[J]．统计与管理，2015(13)：25.

[7] 李丹超．大学生创业——技术是立身之本[J]．现代经济，2014(19)：12.

[8] 陈薇薇，陈芳，王林祥．大学生自主创业支持体系的构建研究[J]．中国高等教育评估，2010(2)：17.

[9] 马永斌，柏喆．大学创新创业教育的实践模式研究与探索[J]．清华大学教育研究，2015(21)：9.

[10] 张冰，白华．“高校创新创业教育”概念之辨[J]．高教探索，2014(3)：13.

[11] 石朋飞．内涵式发展视域下大学生创新创业教育的探索与实践[J]．实验技术与管理，2016(7)：15.

[12] 洪大用．打造创新创业教育升级版[J]．中国高等教育，2016(4)：11.

[13] 文丰安．地方高校大学生创新创业教育浅谈[J]．教育理论与实践，2011(29)：16.

[14] 刘伟．高校创新创业教育人才培养体系构建的思考[J]．教育科学，2011(20)：11(20)：11.
[15] 刘宝存．确立创新创业教育理念培养，创新精神和实践能力[J]．中国高等教育，2010．(23)：31.
[16] 李家华，卢旭东．把创新创业教育融入高校人才培养体系[J]．中国高等教育，2010(3)：21.
[17] 张鹤．高校创新创业教育研究：机制、路劲、模式[J]．国家教育行政学院学报，2014(15)：31.
[18] 任永力．高校创业教育与专业教育的融合路径研究[J]．中国教育学刊，2015(27)：9.
[19] 杨金石．基于企业创新创业的高技能人才培养的思考[J]．企业经济，2011(8)：16.
[20] 吴晓静．地方工科院校创新型创业人才培养的联动机制[J]．长沙大学学报，2015(9)：17.
[21] 马建荣，钱国英，徐立清．开放·融合·实战的创业教育模式探索与实践[J]．中国大学教学，2010(14)：9.
[22] 黄文光．大学创业教育课程设计初探[J]．宁波教育学院学报，2008(11)：20.
[23] 卢立珏，林娟娟．地方本科高校创业教育体系的构建[J]．大学教育科学，2010(31)：17.
[24] 边社辉，张文杰，等．大学生创业教育课程中安全的选取原则[J]．创新与创业教育，2013(25)：11.
[25] 徐立清，崔彦群．我国高校创业教育课程开发策略研究[J]．安徽工业大学学报(社会科学版)，2012(33)：18.
[26] 李爱民，赵悦乐，严学仕．“90后”大学生创业教育的问题及对策研究[J]．河北农业大学学报（农林教育版），2012.
[27] 李家华．创新创业人才培养体系[J]．中国高等教育，2015(12)：19.
[28] 彭文博，尹新民，李冠峰，等．创新创业教育课程体系建设的探索与实践[J]．创新与创业教育，2010(7)：12.
[29] 李亚员．创新创业教育：内涵阐释与研究展望[J]．思想理论教育，

2016(18)：9.
[30] 中华人民共和国教育部高等教育司．创业教育在中国：试点与实践[M]．北京：高等教育出版社，2006.
[31] 中华人民共和国教育部高等教育司．世界主要国家创业教育情况[M]．北京：高等教育出版社，2012.
[32] 梅伟惠．美国高校创业教育[M]．杭州：浙江教育出版社，2010.
[33] 王占仁．“广谱式”创新创业教育导论[M]．北京：人民出版社，2012.
[34] 高文兵．大学生创业教育的研究[M]．上海：复旦大学出版社，2012.
[35] 席升阳．我国大学创业教育的观念、理念与实践[M]．北京：科学出版社，2008.
[36] 邹云龙．创业发展论[M]．北京：人民出版社，2013.
[37] 齐再东．我国大学生创新创业体系的研究[M]．北京：高等教育出版社，2015.
[38] 柳斌．创新教育全书[M]．北京：九州图书出版社，2009.
[39] 彭畅．面向新时代高校创业教育系统研究[M]．北京：高等教育出版社，2013.
[40] 张澍军，王占仁．作为理念和模式的创新创业教育[N]．光明日报，2013.